Martina
Bamesberger

Eiskalt

Verlag: Yess Yess Verlagsagentur
20sec UG (haftungsbeschränkt)
Roschdohler Weg 93 - 24536 Neumünster

Druck: tredition GmbH, Halenreie 40-44,
22359 Hamburg

ISBN
Paperback 978-3-98631-009-7
Hardcover 978-3-98631-010-3
e-Book 978-3-98631-011-0

Bibliografische Information der Deutschen Nationalbibliothek:

Die Deutsche Nationalbibliothek verzeichnet diese Publikation in der Deutschen Nationalbibliografie; detail-lierte bibliografische Daten sind im Internet über http://dnb.d-nb.de abrufbar.

Weitere Mitwirkende:
Markus Coenen - www.markus-coenen.de
20sec UG - www.twentyseconds.de

Inhalt

Vorwort

Du liebe Seele, da es im Leben keine Zufälle gibt, fällt einem das zu, was längst fällig ist. Das bedeutet, dass dich dieses Buch finden sollte. Ich bin davon überzeugt, dass das Universum in irgendeiner Form mit uns kommuniziert und Unterstützung anbietet, zum Beispiel durch ein Buch, damit wir persönliches Wachstum erleben. Es ist so schön, dass du diese Zeilen liest und noch tiefer in deine innere Welt eintauchen möchtest.

Mir war es ein Bedürfnis, dieses Buch für dich zu schreiben und um ehrlich zu sein, auch für mich. Suchst du nach Antworten, warum deine Liebesgeschichten eher in Dramen und einem Meer aus Tränen enden? Ich verstehe dich so gut. Dein stummer Schrei nach Liebe ist bisher unbeantwortet geblieben, nicht wahr?

Mein Liebesleid begann nach der ersten Ehe mit gerade mal 29 Jahren. Ich war die Frau, die durch Äußerlichkeiten in der Männerwelt glänzen wollte. Im Prinzip war es kein Problem mit ihnen in Kontakt zu treten, denn ich war, wie ich oftmals gehört habe, der Inbegriff der Weiblichkeit. Rehbraune Augen, braune schulterlange Haare, junge Erscheinung, großer Busen, schmale Taille und auch ansonsten sehr weiblich. Hört sich vielleicht im ersten Moment an, als wäre ich begehrenswert und umschwirrt von interessierten Männern. Doch so einfach war es bei Weitem nicht.

Es schlugen zwei Herzen in meiner Brust: Ich genoss zwar die Blicke der Männer, diese bekamen jedoch schnell etwas Anzügliches, so dass ich mich sexuell bewertet fühlte und auch Komplimente in diese Richtung hörte. So schön es ist, begehrenswert zu sein: Von einem echten Interesse war weit und breit keine Spur.

Ich hatte eine Schwachstelle, wie auch so viele andere Frauen. Mir fiel es unfassbar schwer, Grenzen zu setzen und somit ließ ich mich immer wieder auf Männer ein, von denen ich schon viel früher hätte Abstand nehmen sollen. Aus falschen Gründen hatte ich mit ihnen Sex. Eigentlich suchte ich Liebe, fand mich jedoch im Drama wieder. Ich war die Frau, die Männer anflehte, sie zu lieben und die ihr Lebensglück davon abhängig machte, in Beziehungen zu sein. Permanent zog ich Machos oder Narzissten in mein Leben, die mich emotional missbrauchten oder sogar gewalttätig wurden.

Warum es mir so schwer fiel, solche Beziehungen zu verlassen, sollte ich erst nach vielen Jahren herausfinden. Oftmals brauchte es mehrere Runden für einen finalen Abschluss. Das heißt, dass Trennungen, Entschuldigungen, Versöhnungen, Streit, erneute Eskalationen und die darauffolgende Trennung an der Tagesordnung waren. Es war ein Teufelskreis.

Die Dynamik, die ich zwischen mir und meinen Partnern erlebte, lässt sich in ein paar Worte zusammenfassen. Wir erlebten ein Wechselspiel aus Nähe und Distanz, gepaart von massiven Abwertungen auf Seiten des narzisstischen Partners und heroisches Ertragen auf meiner Seite. Eine Begegnung auf Augenhöhe fand zwischen uns nicht statt, denn meine dominanten Partner übernahmen die Kontrolle über mich und unsere Beziehung. Ich wurde abhängig von ihnen, da diverse Manipulationsspielchen in Form von Unterdrückung und emotionaler Erpressung stattfanden. Wir erlebten on/off-Phasen im Überfluss, die ein typisches Merkmal einer toxischen Beziehung sind.

Wie ich so tief sinken konnte, fand ich erst nach einer absoluten Crash-Beziehung im Jahr 2017 heraus. Zu diesem Zeitpunkt fragte ich mich endlich: Wer ist diese Frau, die es zugelassen hat, sich wie Dreck behandeln zu lassen? Warum bin ich nicht in der Lage, trotz der desolaten Umstände rechtzeitig die Notbremse zu ziehen und setze lieber das eigene Leben aufs Spiel? Welche Ursache gibt es, die mich zu der Frau werden ließen, die sich immer wieder in missbräuchlichen Beziehungen wiederfand?

Ich wurde 1975 in eine Arbeiterfamilie hineingeboren, in der auf Seiten des Vaters eine Alkoholsucht bestand. Grenzüberschreitungen erlebte ich seit meiner frühesten Kindheit und wurde Opfer des physischen und psychischen Missbrauchs. Schon hier begann meine so schmerzhafte Odyssee, die dann 2017 ihren Höhepunkt erreichte.

Nach fast siebzehn Jahren in toxischen Beziehungen, geprägt von Missbrauch und Dramen, war die Show vorbei. Damals fühlte es sich an, als wäre ich ohne Fallschirm aus dem Flugzeug gesprungen und der Aufprall würde unmittelbar bevorstehen.

Ich sollte aus einem bedrückenden Schlaf erwachen, um mich endlich auf Spurensuche zu begeben, die wahre Liebe zu finden. Gibt es sie? Was muss ich dafür tun?

Glaubst du an die wahre Liebe oder daran, dass du es verdient hast, glücklich zu sein?

In mir gibt es einen Saboteur, den ich liebevoll Giftzwerg nenne. Auch heute besucht er mich noch hin und wieder. Jedenfalls flüsterte er mir damals immer wieder zu, dass ich nicht gut genug bin und dass es die wahre Liebe nicht gibt. Was für eine traurige Bullshitstory, die ich mir tagtäglich erzählte und so als negatives Mantra übernahm.

Bevor ich anfing dieses Buch zu schreiben, musste ich erst einmal alle Beziehungen durchgehen, die in irgendeiner Form toxisch waren. Bei der Zahl fünf hörte ich auf zu zählen und war ehrlich gesagt schockiert. Es waren fünf toxische Liebesbeziehungen, wobei ich die Affären und all die lockeren Verbindungen nicht mitzähle. Am Ende spielt es natürlich nicht wirklich eine Rolle, wie viele Liebespartner ich hatte, sondern vielmehr, zu welcher Frau ich durch all das geworden bin, was ich erlebt hatte.

Später erkannte ich, dass es eine Lösung für das ganze Dilemma gibt, das bestimmt auch du in dieser oder ähnlicher Weise erlebt hast. Dafür darfst du lernen, dich deinen Schatten zu stellen, hinzuschauen wer du bist und was dich dazu gemacht hat. Du wirst ehrlich und knallhart zu dir selbst sein und dann so vieles erkennen können. Letztendlich ist das Erkennen der erste Schritt in Richtung Heilung.

Das wirkliche Leben beginnt dann, wenn du das Tor zu deiner inneren Welt öffnest. Nach und nach wirst du herausfinden, dass du schon alles in dir trägst, was du bisher in der äußeren Welt gesucht hast.

Ich hadere nicht mit meiner Vergangenheit, denn nur durch all die Jahre, die ich in toxischen Beziehungen verbracht habe und dem damit verbundenen Erleben von Leid und Schmerz stand ich unter dem Handlungsdruck, mich selbst zu erkennen. Nur dadurch konnte ich so unfassbar viel über mich und andere lernen. Ich erhielt Antworten auf meine Fragen über mich selbst, über narzisstische Männer, toxische Beziehungen und das Leben an sich. Diese Zeit möchte ich nicht missen, denn erst durch diese Erfahrungen, auch wenn sie so unfassbar schmerzhaft waren, konnte ich zu der Frau werden, die ich heute bin.

Auch du kannst das.

Ich weiß, dass du nach Antworten suchst, warum du an scheinbar bindungsunfähige Männer gerätst, die dich emotional missbrauchen. Sicherlich hast du schon einige Dating- Ratgeber gelesen, nicht wahr?

Dieses Buch ist eine Einladung an dich, hinter deine Mauern zu blicken. Was verbirgt sich tatsächlich hinter der scheinbar starken Frau? Meine Geschichte kann dir als Unterstützung und Inspiration dienen, deinen ganz eigenen Weg zu kreieren. Jede Geschichte ist so einzigartig, wie der Mensch an sich. Es gibt keine einfache Bedienungsanleitung, wie Heilung richtig gelingen kann. Jeder geht für sich seinen Weg so, wie es sich für ihn stimmig anfühlt. Ich möchte dich mit meiner erlebten Geschichte mitnehmen, inspirieren und dir Mut machen zu erkennen, dass wir nicht unser gesamtes Leben damit verbringen müssen, Gefangene unserer Erfahrungen zu bleiben. Wir können uns befreien und lernen, voll und ganz zu leben.

- Wonach sehne ich mich
- Wer bin ich?
- Warum laufe ich von einer Enttäuschung in die nächste?
- Wie kann ich das endlose Rad der schmerzhaften Erfahrungen aufhalten?
- Warum passiert mir das immer wieder?
- Wieso darf ich nicht endlich glücklich sein?

Wer sich diese Fragen stellt, ist aller Voraussicht nach an einem Punkt, abseits der üblichen Wege nach der wahren Liebe zu suchen.

Aus meinen eigenen Erfahrungen heraus möchte ich dir Wege aufzeigen, wie du zukünftig die wiederkehrenden Enttäuschungen in Liebesbeziehungen hinter dir lassen kannst. Außerdem möchte ich dir das Ausmaß toxischer Beziehungen nahebringen, damit du zukünftig besser und vor allem schneller den Weg aus ungesunden Verbindungen findest. Es lohnt sich so sehr, hinter all die Verletzungen aus der Vergangenheit zu schauen. Das ist meine Einladung an dich!

Ich möchte mit dir eine Reise in meine Vergangenheit antreten, in der es sehr turbulent zuging und ich von einer selbstbewussten Frau meilenweit entfernt war. Kummer und Leid waren meine ständigen Begleiter, gepaart von Sex-Eskapaden mit unterschiedlichen Männern.

Der Schlüssel zur Lösung unserer Probleme liegt in unserem Herzen und ich möchte dich darin unterstützen, ihn zu finden. Bist du bereit, der wahren Liebe zu begegnen?

Wie solltest du dieses Buch am besten lesen?

Natürlich kannst du das auf sehr unterschiedliche Weise tun.

Von hinten nach vorne oder andersherum. Langsam oder schnell oder kapitelweise oder das zuerst, was dich vom Thema her anspricht. Meine Empfehlung geht dahin, die unterschiedlichen Kapitel der Reihenfolge nach durchzugehen. Sie bauen aufeinander auf und du kannst dir nach jedem Abschnitt die wichtigsten Gedanken und Erkenntnisse zu dir und deinem Leben auf einer Zusatzseite festhalten.

Wenn du beim letzten Kapitel angekommen bist, wirst du verstehen, dass die Art und Weise des Aufbaus und der Zusammensetzung einen tieferen Sinn ergeben und es gut war, alles in Ruhe und in der tatsächlichen Abfolge zu lesen.

Da ich weiblichen Geschlechts bin, ist dieses Buch aus der weiblichen Sicht geschrieben. Bitte verändere deine Perspektive so, dass es für dich passt. Die Namen aller beteiligten Personen wurden von mir so abgeändert, dass ein geschützter Rahmen gegeben ist. Mein jüngstes Kind wird in diesem Buch nicht erwähnt, da es minderjährig ist und es mir wichtig ist, seine Privatsphäre zu schützen.

Was ich dir wünsche

* Ich wünsche dir, dass du dein Herz wieder öffnest
* Ich wünsche dir, aktive Selbstliebe zu praktizieren
* Ich wünsche dir, dass du dich wieder für die Liebe öffnest
* Ich wünsche dir, dass du mit deiner Vergangenheit Frieden schließen kannst
* Ich wünsche dir, dass du die volle Verantwortung für dein Leben übernimmst und somit alte Muster ablegst
* Ich wünsche dir, dass du in die Umsetzung kommst
* Ich wünsche dir, dass du erkennst, wie wertvoll du bist

Ich möchte dich mit diesem Buch dazu anregen nach innen zu gehen, achtsamer mit dir und deiner Umwelt zu werden, dich selbst wichtig zu nehmen und vor allem liebevoller im Umgang mit dir zu sein. Du wirst Vertrauen in dich und dein Leben entwickeln und es dann wieder in die richtige Bahnen lenken können.

Wenn ich es erreichen könnte, dass du dir traust dir selbst ehrlich und authentisch zu begegnen, wenn ich dich im Herzen berühren und dabei unterstützen kann, deine wahre Größe anzunehmen, mit allen Vorzügen und Makeln, wenn ich dir helfen kann in dein eigenes wunderbares Leben zu starten, dann wäre ich sehr glücklich. Ich werde dir in diesem Buch kein wirklich neues Wissen in psychologischer oder mentaler Hinsicht vermitteln. Aber ich nehme dich auf meine eigene Reise mit, so dass du meine geschriebenen Worte fühlen kannst und sie dich auf einer tieferen Ebene erreichen, was dazu führt, dass du dich für deine eigene Geschichte und deine Reise öffnest. Ich wünsche dir viele Erkenntnisse, wundervolle Resultate, Heilung auf verschiedene Ebenen und ein von der Sonne geküsstes Leben.

1

Kapitel 1:
Meine Geschichte

Jedes Ende bedeutet gleichzeitig auch ein Neuanfang

Es war ein wunderschöner Herbsttag 2017. Die Sonne ließ die Blätter in ihren schönsten Farben erstrahlen. Normalerweise liebte ich diese Jahreszeit, doch nicht in diesem Jahr. Seit Stunden saß ich nun auf meiner Gartenbank, während die Tränen über meine Wangen liefen. Was war passiert, dass ich so traurig und kaum handlungsfähig war? Es gab Gedanken in mir und dazu eine Stimme, die immer lauter wurde. Sie fragte schon seit Wochen, warum ich mich immer unter Wert verkaufte. Und sie gab mir diesen Hinweis, auf den ich die ganze Zeit nicht gehört hatte: Schau dem Schmerz in die Augen. Suche nicht länger in irgendeinem Partner die Erlösung. Suche in dir. Doch davor hatte ich solche unbeschreibliche Angst, dass ich der Stimme wenig bis kein Gehör schenkte. Ich fühlte so einen unerträglichen Schmerz. Ich hatte das Gefühl, diesen nicht länger, auch nicht nur eine Sekunde ertragen zu können. Mein Blick wanderte in Richtung Auto und für einen Moment dachte ich tatsächlich darüber nach, meinem Leben, das in tausend Scherben lag, ein Ende zu setzen. Überall nur noch verbrannte Erde.

Ich erschrak vor mir selbst. Zu welcher Frau war ich geworden, dass ich bereit war, mein Leben auszulöschen?

Gestern Nacht war es zwischen mir und Alex komplett eskaliert. Seit Wochen hatte es sich schon zugespitzt, doch gestern war das Fass übergelaufen. Binnen weniger Minuten hatte ich ihn aus meiner Wohnung geworfen und mich vergewissert, dass er auch wirklich mit seinem Auto davonfuhr. Als die Dunkelheit der Nacht schließlich die Rücklichter seines PKW's verschlang, wusste ich, dass es endgültig vorbei war.

Ich stand unter Schock, denn es ging alles so schnell, dass ich nicht sofort das gesamte Ausmaß dieser Beziehung greifen konnte. Mit zittrigen Händen griff ich zum Telefon und rief meine beste Freundin Karla an. Sie hörte sich schon seit Monaten meine Dramen an und war auch in dieser Nacht für mich da. Mit aufgebrachter Stimme erzählte ich ihr davon, was zwischen mir und Alex passiert war. „Tina, es muss jetzt wirklich reichen!", so nannte sie mich liebevoll und meinte die Endlosschleife, in der ich anscheinend festhing, denn es war nicht der erste Streit und auch nicht die erste Trennung. Immer wieder setzte ich mich den Verletzungen, den Demütigungen und den anschließenden reumütigen Versprechungen aus. Und so war es kein Wunder, dass Karla nicht wirklich an das Ende dieses Fiaskos glaubte.

Dieser Moment, als ich völlig fertig auf der Bank in meinem Garten saß, fühlte sich wie der absolute Tiefpunkt meines Lebens an. Die nächsten Tage und Wochen vergingen im Slow-Motion-Modus und mein Leben fühlte sich alles andere als leicht an. Es gab unterschiedliche Phasen, die ich in dieser Zeit für mich durchlaufen habe. Von lähmenden Gedanken und Schmerzen bis hin zu einem leichten Hoffnungsschimmer, dass sich mein Zustand bessern würde. Vor den Abenden fürchtete ich mich am meisten, denn da kamen meine Ängste und das Gefühl allein zu sein vermehrt hoch. Es vergingen weitere Tage, an denen ich schon morgens um 4 Uhr das erste Video über Narzissmus anschaute. Dieses Thema war mir nicht fremd, denn es begleitete mich schon einige Zeit in meinem Leben. Doch dazu später mehr.

Meiner damaligen Arbeit als Einzelhandelskauffrau konnte ich kaum nachgehen, denn mein Körper und auch meine mentale Verfassung waren nicht im besten Zustand. Sichtlich angeschlagen von der Beziehung, die ich mit Alex geführt hatte, funktionierte ich nur noch. Ich tat das, was von mir verlangt wurde, doch zu mehr war ich nicht in der Lage. Sobald ich von der Arbeit nach Hause kam, setzte ich mich vor mein Smartphone und schaute mir weitere Videos an. Ich wollte verstehen, was in der Beziehung passiert war, doch irgendwie fand ich nicht die richtige Antwort. Ich hatte genug von all den Oberflächlichkeiten, die ich beim Dating erlebt hatte. Jeder Versuch, in eine feste Partnerschaft zu gehen, endete mit der nächsten Enttäuschung. Ich war so müde von all den Herzschmerzen und den einsamen und traurigen Stunden, die darauf folgten. Was ich jedoch deutlich spürte war das Bedürfnis, dringend eine Auszeit von Männern zu nehmen und über mein Leben nachzudenken. Irgendwo musste es die Lösung für meine Probleme geben!

Wie so viele andere Frauen war ich in den vergangenen Zeiten ein typisches Großstadtmädel gewesen, das von einem Date zum nächsten sprang. Sichtlich genervt von all den sexuellen Abenteuern und dem Herzschmerz sollte ich dann auf Alex treffen.

Diese Beziehung ließ das von mir mühsam erbaute Kartenhaus von einem Tag auf den anderen zusammenfallen. Eigentlich wünschte ich mir doch nur eine Familie. Einen Platz, an dem ich mich sicher, wohl, geborgen und geliebt fühlte. All die Attribute, die es in meiner Kindheit nicht gab. Ich wollte unbedingt Harmonie. Und dafür tat ich alles und ertrug alles. Vielleicht schien mein Plan am Anfang aufzugehen, doch mit der Zeit machte ich immer mehr Zugeständnisse, verleugnete immer mehr meine Bedürfnisse und mich selbst, bis ich mich fast komplett aufgab. Was war das noch für eine Harmonie? Was war das für ein geborgenes Zuhause? Meine innere Stimme und Karla hatten recht: Es musste jetzt endgültig reichen. Es musste ein Ende haben.

Diesmal wollte ich die Trennung anders angehen und mich nicht sofort mit einem anderen Mann über diese Beziehung hinwegtrösten. Abseits von komplizierten Männergeschichten nahm ich mir endlich Zeit, um mich intensiv mit mir selbst auseinanderzusetzen. Mir half es sehr, meine Gedanken niederzuschreiben und so entwickelte ich ein Abendritual zum Reflektieren und Loslassen meiner Gedanken. Ich las daraus:

Auszug aus meinem Tagebuch:

Ich versuche zu verstehen, was in den letzten Wochen unserer Partnerschaft schiefgelaufen ist.

Diese Frau war immer wieder ein Streitthema in unserer Beziehung. Du sagtest, ich solle mir keine Gedanken machen. Das habe ich versucht, doch mich beschlich durchgängig ein erdrückendes Gefühl. Egal wo wir waren, egal was wir taten, sie war präsent. Entweder schrieb sie dir oder du hast mit ihr einen Kaffee getrunken. „Sie ist nur eine Freundin!", diese Worte hörte ich ständig. Doch irgendetwas lief nicht rund und eine Klärung gab es nicht, denn entweder hast du mich angeschwiegen oder angebrüllt. Ich schwieg und zweifelte so sehr an meinen Emotionen, doch in mir tobte ein Sturm! Mein Gefühl hörte einfach nicht auf, mich zu erdrücken. Ich bekam Magenschmerzen und eine Blasenentzündung nach der anderen und du wurdest zunehmend gereizter in meiner Anwesenheit, was mir Angst machte. „Du hast Wahrnehmungsstörungen!" hörte ich immer öfter aus deinem Mund. Aber mein Gefühl war doch da und es erdrückte mich förmlich. Ich liebe dich doch, du bist doch mein Herz, mein Licht, meine Erfüllung. Warum können wir nicht einfach glücklich sein????

Durch das Niederschreiben meiner Gedanken, konnte ich das Geschehene klarer sehen und Antworten auf meine Fragen erhalten. Schon so lange verzweifelte ich an der Fragestellung, warum mich meine Partner immer so abwertend behandelten. Warum sie sich nach kurzer Zeit von mir emotional distanzierten. Immer mehr wurde mir bewusst, dass sie ein ähnliches Verhalten wie mein Vater an den Tag legten, das ich aus Kindertagen kannte. Es war eine sehr schmerzhafte Zeit, die so viel an die Oberfläche spülte. Ich wurde mit all den missbräuchlichen Beziehungen in meiner Kindheit konfrontiert, erlebte die Situationen erneut und spürte den Schmerz wieder. Immer deutlicher wurde mir das Ausmaß bewusst. Und wieder hörte ich meine innere Stimme, diesmal noch deutlicher. Ich würde dieses Mal auf sie hören. Der Leidensdruck und der Schmerz waren inzwischen so groß, dass ich nicht mehr anders konnte. Ich musste mich meinen Ängsten stellen. Schlimmer, als ich mich jetzt fühlte, konnte die Konfrontation mit der Vergangenheit nicht werden.

Jetzt sollte der Moment kommen, die ersten Türen in Richtung emotionale Freiheit zu öffnen. Es war ein verregneter Samstag. Mein Tag begann schon vor dem Sonnenaufgang, denn meine Albträume ließen mich kaum ein Auge zu machen, wie auch in dieser Nacht. Ich träumte von surrealen Szenen, Abgründen, Menschen, die mich verfolgten, dass ich abstürzte oder mit meinem Auto fuhr und nicht bremsen konnte. Was wollten mir diese nächtlichen Dämonen mitteilen? Die Botschaften konnte ich nicht entschlüsseln. Mir war so furchtbar kalt und um mich aufzuwärmen, ließ ich mir ein Bad ein. Überall herum zündete ich Kerzen an. Ich erinnere mich an den folgenden Moment so genau, denn nun kam der Impuls für den entscheidenden Wendepunkt in meinem Leben. An diesem Tag öffnete sich eine wichtige Tür für mich.

Während noch einmal warmes Wasser nachlief und über meinem Körper plätscherte, hörte ich ein interessantes Interview über den Schmerz der Vergangenheit und wie wichtig es sei, sich seinen Verletzungen zuzuwenden. Auf den Titel des Interviews hatte ich nicht geschaut, denn es wurde per Zufallsprinzip abgespielt. Somit lauschte ich den Worten des Dialogs, den die zwei Coaches führten und es fiel ein Satz, auf den ich heute noch mit Gänsehaut reagiere:

„Das Leben schickt dir so lange dieselbe Lernaufgabe, bis du sie löst."

Bämm! Das hatte gesessen!

Das war die Antwort, auf die Frage, warum sich Männer immer wieder von mir distanzierten und mich so schrecklich behandelten.

Irgendetwas gab es für mich zu lernen, was ich noch nicht begriffen hatte! Mein Herz schlug schneller als noch Sekunden zuvor. Irgendwo in der Vergangenheit lag der Schlüssel für meine Zukunft, das spürte ich ganz deutlich. Auch wenn noch keine wirklichen Zusammenhänge sichtbar waren, wollte ich meinen Dämonen, die mich immer wieder heimsuchten, ehrlich und radikal begegnen. Irgendetwas war nun anders, das spürte ich ganz deutlich. Voller Neugier und Hoffnung machte ich mich auf zu neuen Ufern und war endlich bereit, die dunklen Orte und Abgründe meiner Vergangenheit zu beleuchten.

Manchen Menschen begegnet man nur, um zu prüfen, ob man in der Vergangenheit wichtige Lektionen gelernt hat

Ich begab mich auf eine Reise, ohne ein wirkliches Ziel vor Augen zu haben. Es gab einen Lebensentwurf von mir, der so ganz anders aussah als das, was ich erlebt hatte. Toxische Beziehungen kamen in meinen Plänen nicht vor. Im Grunde genommen war meine Welt Anfang 2000 wirklich okay. Ich hatte alles, wovon ich schon als kleines Mädchen geträumt hatte: Einen wundervollen Ehemann, eine supersüße Tochter von fast 5 Jahren, einen Job und eine Eigentumswohnung am Stadtrand von Bremen. Nach außen hin wirkte alles perfekt, doch in mir sah es ganz anders aus.

Irgendwie spürte ich mich nicht mehr als Frau. Mein Leben lief routiniert ab, mit festen Strukturen, ohne irgendwelche Highlights. Etwas in mir sehnte sich nach Veränderung. Tagein, tagaus derselbe Ablauf. Ich hatte es so satt, doch im gleichen Atemzug schämte ich mich dafür, solche Gedanken zu haben, denn jede andere Frau würde sich genau dieses Leben wünschen. Und ich doch eigentlich auch?

Ich war zu dem Zeitpunkt eine eher unscheinbare Frau. Von der Außenwelt wurde ich kaum wahrgenommen, doch ich glänzte durch Fleiß und Leistung, worüber ich dann Anerkennung erhielt. Ich fühlte mich wie gefangen und eingesperrt. Konnte dieses Leben der treusorgenden, langweiligen Ehefrau wirklich alles sein? Ich begann wieder verstärkt mit Freunden und Kollegen auszugehen. Ich feierte die Nächte und genoss den Rausch von Party und Alkohol. Irgendwie konnte ich so meinem gefühlt tristen Alltag entfliehen. Ich war viel lieber unterwegs und genoss das Ausgehen, als Zeit mit meinem Mann zu verbringen. Meine Ehe verschlechterte sich zunehmend, da ich mich in eine Richtung entwickelte, die so natürlich alles andere als ehetauglich war. Ich spürte so viel Hunger in mir und wollte nicht nur noch die Rolle der Mutter und Ehefrau einnehmen, vielmehr sehnte ich mich nach dem Abenteuer.

Über eine neue Arbeitsstelle lernte ich Menschen kennen, die schon das aufregende Leben führten, wonach ich mich so sehr sehnte. Es war ein schleichender Prozess, bis die Ehe schließlich zwei Jahre später zerbrach. Wir starteten mehrere Versuche, das Ruder rumzureißen, doch mein Drang in unbekannte Welten zu tauchen war nicht mehr aufzuhalten. Mein Mann war mein erster Partner und ich war erst vierzehn Jahre alt, als wir zusammenkamen. Bis zum Zeitpunkt der Trennung war er der einzige Mann, mit dem ich Sex hatte. Da stand ich nun mit 29 Jahren, meine große Liebe verlassen, die Familie auseinandergebrochen, unsicher, ängstlich...und doch war ich neugierig auf die Welt der unzähligen Möglichkeiten.

Ich kannte es nur aus irgendwelchen Hollywood-Streifen, wie Frauen in ähnlichen Situationen unglaubliche Dinge erlebten, ausbrachen, sich auslebten, tolle Leute kennenlernten und vielleicht sogar den heißen Traummann kennenlernten. So war zumindest meine Vorstellung. Was dann daraus wurde, war etwas komplett anderes. Eine schmerzhafte lange Odyssee mit vielen männlichen Begegnungen, die mich an den Wendepunkt brachten, wo ich an besagtem Tag nach der Trennung mit Alex stand.

Es dauerte nicht lange, ungefähr zwei Monate nach der besagten Trennung von meinem Mann, bis ich Tilo über eine Kollegin kennenlernte. Er war groß und gutaussehend und wir verstanden uns auf Anhieb. Irgendetwas faszinierte mich an ihm und wir verabredeten uns zum Frühstück, um weiter auf Tuchfühlung zu gehen. Unsere Anziehungskraft sprach Bände und gleichzeitig war ich so unfassbar aufgeregt, da ziemlich schnell klar war, worauf es hinauslaufen sollte. Sex! Tilo bedrängte mich nicht und war stattdessen sehr einfühlsam. Er war der erste Mann nach meiner Ehe, mit dem ich intim wurde und ich hatte eine wahnsinnige Angst. Dennoch ließ ich mich darauf ein und es sollten sehr schöne Stunden werden, bis ich unser Schäferstündchen beendete und ihn bat zu gehen. Wir sahen uns danach nie wieder und somit war es mein erster One-Night-Stand. Durch meine neuen Freunde, die ich über die Arbeit kannte, entdeckte ich noch intensiver das schillernde Nachtleben für mich. Aus der unscheinbaren Martina wurde mit der Zeit eine Frau, nach der sich die Männer umdrehten. Ich war jung und entsprach dem Bild einer Frau, die Männer gerne neben sich im Bett liegen hatten.

Die Wochenenden wurden durchgefeiert und der Alkohol gehörte dazu. Mit wem ich am Abend rummachte, wusste ich am nächsten Morgen schon nicht mehr. Mein Leben fühlte sich leicht an, so gut wie schon lange nicht mehr. Das sollte noch ein paar Wochen so weitergehen, bis ich auf einen Mann traf, der mein ganzes Leben veränderte, bzw. den leidvollen Weg eröffnete, den ich ja letztendlich brauchte, um zu mir zu finden.

Er wurde mir als mein neuer Kollege vorgestellt. Mark, so war sein Name, war ein unfassbar gutaussehender Mann. Ein großes und sehr männliches Erscheinungsbild, dunkle, fast schwarze Haare und dieses unglaublich schöne Lächeln schlugen wie ein Blitz ein. Seine raue und tiefe Stimme brachte mir ein lockeres: „Hey!“ entgegen und es war vollends um mich geschehen. Ich war schockverliebt! So etwas hatte ich noch niemals zuvor erlebt. Von da an waren wir unzertrennlich, denn wie sich sehr schnell herausstellen sollte, ging es Mark genauso. Jede freie Minute verbrachten wir miteinander und ich vergötterte ihn für sein gesamtes Sein. Wenn wir miteinander schliefen, war es so, als würden wir miteinander verschmelzen. So leidenschaftlich und intensiv, gepaart von Sexspielchen, die alles andere als Normalität ausmachten.

Wie sich ein paar Wochen später herausstellte, nahm er regelmäßig Drogen zu sich und dadurch, dass ich nicht uncool wirken wollte, nahm ich den Konsum kommentarlos hin. Joints und Ecstasy waren nun die ständigen Begleiter unserer Beziehung. Irgendwie widerstrebte es mir, dass ich von nun an mit Menschen in Kontakt kam, die Zugriff auf diverse Pillen und Co. hatten, doch zu diesem Zeitpunkt war ich schon nicht mehr in der Lage, ihn zu verlassen. Ich war süchtig nach seinen Küssen und Berührungen, denn er gab mir das Gefühl, die attraktivste Frau auf Erden zu sein. In meiner damaligen Naivität glaubte ich fest daran, dass ihn meine Liebe retten könnte. Doch es war erst der Anfang einer Lehrfahrt. Er veränderte sich zunehmend und aus seiner anfänglichen Begeisterung mir gegenüber wurde mehr und mehr Abweisung.

Eines nachts, als wir in ausgelassener Partylaune feierten und die Musik aus den Boxen des Clubs dröhnte, die Menschen um uns herum ausgelassen tanzten, zog Mark mich fest an seinen Körper heran und schob mir etwas in den Mund. Ich dachte zunächst an ein Bonbon, doch dieses sollte sich schnell als Irrtum herausstellen, denn es handelte sich um eine Ecstasy Pille. Ich bekam Herzrasen, panische Angst und drohte zu hyperventilieren. Die Menschen um mich herum sahen mich und redeten auf mich ein. Mark konnte es mit seiner charmanten Art schaffen, mich zu beruhigen und kümmerte sich liebevoll um mich. Mit der Zeit setzte die volle Wirkung der Pille ein und wir erlebten eine Nacht, die nicht schöner hätte sein können.

Von da an schmiss ich mir selbst in regelmäßigen Abständen dieses Zeug ein, da wir uns genau in diesen Momenten so nahe wie zu keinem anderen Zeitpunkt waren. Meine Drogenkarriere begann und zog sich über mehrere Monate hin. Nun war ich die Frau, die sich an den kinderfreien Wochenenden nachts am Bahnhof aufhielt, um sich die nächsten Drogen zu besorgen. Es war eine Welt, in die ich niemals wollte, doch für diesen Mann tat ich alles, auch wenn ich mich dadurch selbst in Gefahr brachte.

Ich bin nicht stolz auf diese Zeit, doch warum ich dies alles tat, lässt sich einfach zusammenfassen: In dem Moment, wo wir auf unserem Trip waren, gab es nur uns beide. Wir feierten ausgelassen, hatten unfassbar viel Spaß und Sex, als würde es kein Morgen geben. Wir steigerten von Woche zu Woche unseren Konsum, bis hin zu der noch härteren Droge Speed. Zu dem Zeitpunkt war ich auch nicht mehr die Mama, die meine kleine Tochter so sehr gebraucht hätte. Sie kämpfte selbst mit der Trennung ihres Papas, doch ich war zu dem Zeitpunkt nicht in der Lage, uns beide aufzufangen. Die dadurch entstandenen Schuldgefühle sollten mich sehr lange begleiten und ich kann verstehen, wenn es eine Stimme in dir gibt, die sagt, dass ich diese verdient habe.

Meine Vorstellung von einer romantischen Liebe war eigentlich eine ganz andere. Ich träumte von dem Mann, der auf dem weißen Pferd angeritten kommt und mich aus meinem Schmerz befreit, ähnlich wie in dem Hollywoodstreifen „Pretty Woman“. Die Realität sah ganz anders aus.

Meine Beziehung veränderte sich schlagartig. Mark brauchte immer mehr Raum und Zeit für sich und in seinen Plänen kam ich nicht mehr wirklich vor. Seiner Liebe konnte ich nicht mehr sicher sein, denn er schaute sehr offensichtlich anderen Frauen hinterher. Eifersucht keimte in mir auf, denn dazu kam, dass er mir zunehmend seine Nähe verweigerte. Ich fing an zu Klammern und Sex gab es nur noch, wenn er wollte und dann auch nur in den pornoüblichen Praktiken. Wenn ich nicht gehorchte und so funktionierte, wie er es wollte, folgten Sanktionen in Form von Schweigebehandlungen, Abwertungen, Demütigungen oder anderen Manipulationen, um mich kleinzuhalten. Das gelang ihm ganz gut, denn ich wollte ihn auf keinen Fall verlieren. Ich war nur noch dafür da, um das Geld zu zücken, denn er verdiente zu dem Zeitpunkt nicht viel und somit finanzierte ich nicht nur mein Leben, sondern auch seins, einschließlich der Drogen.

Die Beziehung verschlimmerte sich von Tag zu Tag. Nähe erhielt ich nur noch, wenn ich ihm Geld für Drogen zuschob oder irgendwelche Rechnungen beglich. Ich war so unglücklich wie noch niemals zuvor. Seit Wochen hörte ich kein liebes Wort mehr, stattdessen Abwertungen und Beschimpfungen abseits jeglicher Vorstellungskraft. Wir hatten uns einfach nichts mehr zu sagen. Egal, wie sehr ich mich auch bemühte, erhielt ich dennoch keinen Zugang mehr zu ihm.

Mein Konto war schon so weit im Dispo, dass meine Bank auf mich zu kam, um über eine Aufstockung meines Kredits zu sprechen. Das erste Mal, dass ich Gedanken an Trennung aussprach. Mit über

20.000 € stand ich nun in der Kreide und hatte mein Leben in einem Zeitraum von nur achtzehn Monaten komplett an die Wand gefahren. „Grandiose Leistung!", wertete ich mich noch zusätzlich ab. Von unserer einst so großen Liebe war nur noch pure Wut und Hass übriggeblieben. Was war nur geschehen? Egal, wie oft ich das Gespräch zu ihm suchte, schmetterte er mich mit vernichtenden Worten ab. Mir fehlte es an Kraft, mich weiterhin um unsere Beziehung zu bemühen. Er machte sein Ding und interessierte sich nicht für unsere immer größer werdenden Probleme. Als wir eines Abends zusammen im Bett lagen, nahm ich all meinen Mut zusammen und suchte das Gespräch mit ihm. Es widerstrebte mir so sehr, ihm sagen zu müssen, dass ich am Ende meiner Kräfte und todunglücklich bin. Von seiner Seite kam keine Reaktion, außer einem hilflosen Blick. Wir wussten beide nicht, wie wir mit unserer verfahrenen Situation umgehen sollten. Ich sagte ihm, dass ich dieses ewige Hin und Her nicht länger ertrage und die Beziehung beenden muss. Er nahm meine Entscheidung kommentarlos hin und zog ein paar Tage später aus.

In mir bohrte sich ein Schmerz durch jede Zelle meines Körpers, der so schnell auch keine Linderung fand. Von diesem Augenblick an begann für mich der absolute Albtraum. Unsere Beziehung war schon geprägt von unzähligen Hochs und Tiefs und starken Stimmungsschwankungen, aber das, was ich nun durchmachte, glich einem eiskalten Entzug! Zusätzlich plagten mich große Selbstzweifel und ich hatte eine wahnsinnig große Angst vor der Zukunft. Wie sollte es bloß weitergehen?

Keine Veränderung tut so weh, wie dort zu bleiben, wo man nicht hingehört

Die ersten Tage nach der Trennung vergingen und der Zustand, in dem ich mich wiederfand, war mir völlig fremd. Abgetrennt von jeglicher Emotion und Wahrnehmung zerrte ich mich von einem Tag zum nächsten. Essen bekam ich schon lange nicht mehr runter und so verlor ich innerhalb weniger Zeit sehr viel Gewicht. Sobald ich morgens die Augen öffnete, befand ich mich wieder im Gedankenkarussell. Es war wie verhext, denn egal, wie sehr ich mich bemühte die Gedanken zu verdrängen, wurden sie im Gegenzug noch schlimmer. Mein morgendliches Frühstück bestand aus Kaffee und Zigaretten. Im Minutentakt zündete ich mir eine Kippe nach der anderen an, denn nur so hatte ich das Gefühl, durch den Tag zu kommen.

Der Schmerz in mir war unerträglich. So etwas hatte ich noch nicht erlebt, zumindest konnte ich mich zu diesem Zeitpunkt nicht daran erinnern, jemals solche Empfindungen durchgemacht zu haben. Ununterbrochen dachte ich an Mark und er fehlte mir so sehr. Ich hätte alles dafür gegeben, um ihn noch einmal nahe sein zu dürfen und gleichzeitig war ich so unfassbar wütend auf ihn und auch auf mich selbst, denn ich hatte alles verloren.

Mein Geld, meine Identität und mein Leben. All das war für mich nicht mehr greifbar. Mein Selbstmitleid fraß mich förmlich auf und in meinen Augen war vor allem er an meinem Zustand schuld.

Rachegelüste wechselten sich mit unendlicher Sehnsucht, ihn noch einmal küssen zu dürfen, ab. Ich schrie in meinem Bett und hielt sein T-Shirt in meinem Armen. Sein Eau de Toilette konnte ich noch sehr deutlich riechen.

Wann würde der Schmerz endlich vergehen? Würde ich nun für immer alleine sein? Vielleicht hatte er schon eine neue Freundin? Hätte ich etwas besser machen können?

Mein Gedankenkarussell stand nicht mehr still. Ich hatte das Gefühl durchzudrehen und suchte verzweifelt den Stecker, den ich nur zu ziehen bräuchte, damit es mir wieder gutgeht.

Von dem Phänomen toxische Beziehung wusste ich in dieser Form noch nichts, um mich darüber im Internet zu informieren. Überhaupt war zu dem Zeitpunkt das Surfen im Internet eher etwas für Menschen, die über genügend Kleingeld verfügten. Dazu gehörte ich definitiv nicht, denn mein Kühlschrank war schon lange nicht mehr reich gefüllt. Durch ein paar Pfandflaschen, die irgendwo rumlagen, konnte ich Brot und wenige andere Lebensmittel kaufen.
Immer wieder half mir mein Mann aus, von dem ich noch nicht geschieden war. Ich schämte mich so sehr, ihn nach Geld fragen zu müssen. „Krieg einfach nur dein Leben auf die Reihe.“, waren seine Worte, als ich ihn wieder einmal um einen Vorschuss des Unterhalts bat. Es verletzte mich sehr, dennoch hatte er mit allem recht. Theo, so heißt mein erster Mann, war immer für mich da, obwohl ich ihm sein Herz gebrochen hatte.

Schon damals war er mein Retter, denn er war es, der mich aus meinem völlig desolaten Elternhaus befreit hatte.

Theo war eine herzensgute Seele und man könnte sich jetzt fragen, warum ich ihn in aller Herrgottsnamen nur verlassen konnte? Unsere Beziehung versprühte damals keine Funken mehr, kein Miteinander und auch als Frau an seiner Seite sah ich mich nicht mehr. Warum das so war, sollte ich erst deutlich später für mich herausfinden.

Weitere Tage ging ich durch den kalten Entzug hindurch und holte mich immer wieder auf dem Boden der Tatsachen zurück. Einerseits war ich am Boden zerstört und pleite. Andererseits verspürte ich einen unstillbaren Durst nach Liebe und Aufmerksamkeit. Diese Kombination ließ mich schier verzweifeln. Selbstliebe, Persönlichkeitsentwicklung und all die Tools, um sich aus diesem Kreislauf zu befreien, kannte ich zu diesem Zeitpunkt noch nicht oder ich brachte sie zumindest nicht mit mir in Verbindung. Stattdessen fragte ich mich, wie ich diesen unstillbaren Durst löschen könnte.

Die vermeintliche Antwort ließ nicht lange auf sich warten: Carlos wurde mir von Bekannten vorgestellt und sollte ein weiterer Punkt auf meiner Landkarte des Lebens werden.

Ich kämpfte noch immer mit der Trennung von Mark und dadurch, dass wir immer mal wieder schriftlichen Kontakt hatten, gab es genug Möglichkeiten, sich gegenseitig mit Vorwürfen und Abwertungen zu attackieren. Ein Ende dieser Farce schien noch lange nicht in Sicht.

Zu dieser Zeit begann sich Carlos um mich zu kümmern. Er wusste, wie schlecht es mir ging und wie es um mein seelisches Gleichgewicht stand. Unsere gemeinsamen Bekannten hatten ihm die Geschichte von Mark und mir erzählt. Es tat mir sehr gut, nicht alleine zu sein und Ablenkung durch seine Anwesenheit zu erfahren. Somit konnte Mark in den Hintergrund rücken und ich brauchte mich nicht länger um meine Verletzungen und Wunden zu kümmern. Eine Fluchttür hatte sich für mich geöffnet. Ich wollte wieder Freude spüren und es wieder erleben, ohne Schmerzen und Traurigkeit durch den Tag zu gehen.

Carlos war der Inbegriff eines Lebemannes. Da wo er war, pulsierte das Leben. Er war genau das, was ich mir in diesem Lebensabschnitt so wünschte. Mit seinem Geld schmiss er nur so um sich, was ich nicht kannte. Das Geld wurde in meiner Ehe gespart oder sinnvoll investiert und mit Mark erlebte ich zum ersten Mal, was es bedeutet, keinen Cent mehr zu besitzen. Dieser laissez-faire Genuss und das sinnliche Eintauchen in die Annehmlichkeiten des Lebens waren wie Balsam für meinen empfunden Verlust.

Doch irgendetwas an Carlos mochte ich nicht. War es die Energie, die ich in seiner Anwesenheit spürte oder doch sein aufgeblähtes Ego? Vielleicht war es auch der Gesamteindruck, der in mir ein Gefühl von Unsicherheit und Irritation auslöste. Er schien so selbstsicher, so weltgewandt, so erfahren und von sich eingenommen. Sein Lifestyle imponierte mir zwar, denn er lud mich in die besten Restaurants ein und bombardierte mich immerzu mit Komplimenten - und doch fühlte ich mich nie ganz wohl mit und bei ihm.

Dieses merkwürdige und widerstrebende Gefühl in mir versuchte ich auszuklammern. Es passte nicht zu dem, was ich mir wünschte. Endlich war ich wieder im Fokus der Männer. Und nicht nur Carlos buhlte um meine Aufmerksamkeit, sondern auch Mark meldete sich auf einmal wieder öfter bei mir. Anscheinend hatte er erfahren, dass es einen neuen Verehrer in meinem Leben gab. Er bemühte sich um mich und auf einmal befand ich mich in einem absoluten Gefühlschaos. Die Gefühle für Mark waren noch nicht überwunden. Die Schmerzen, die er mir zugefügt hatte, verdrängte ich vorerst und dachte an die erste schöne Zeit zurück. Gleichzeitig genoss ich das unbeschwerte Leben an Carlos Seite. Er hofierte und verwöhnte mich, so dass ich mich auf Händen getragen fühlte. Zwischen wem würde ich mich entscheiden?

Dadurch, dass ich mit Carlos diese Unbeschwertheit erlebte und mich dringend von den mir zugefügten Wunden erholen musste, rückte Mark wieder in den Hintergrund. Auch seine Liebesbekundungen und Krokodilstränen konnten mich nicht mehr dazu bewegen, ihm noch eine Chance zu geben. Ich wollte ein neues Leben beginnen und Carlos schien der perfekte Neuanfang zu sein.

Ich kann nicht mit dir und auch nicht ohne dich

Die Geschichte mit Mark war also endgültig vorbei und mein Leben sollte sich von nun an um Carlos drehen. Meine Tochter war außer sich vor Wut, als sie erfuhr, dass es nun wieder einen neuen Mann in unserem Leben geben würde. Ich war nicht schockverliebt wie bei Mark, aber er bediente mein Muster. Der Retter auf dem weißen Pferd. Diese Rolle beherrschte er perfekt und auch die des Verführers. So erlebten wir in den ersten Wochen einen Rausch der Ekstase. Diese bestand aus Vergnügungen, Ausgehen, Shoppen, Partys, Geld ausgeben, Leidenschaft, Urlauben, Ausflügen und Sex.

Immer wieder zwischendurch meldete sich Mark bei mir. Er schien nicht aufgeben zu wollen und flehte mich regelmäßig an, einem Treffen zuzustimmen. Anfangs ignorierte ich das, obwohl ich mich natürlich gebauchpinselt fühlte. Ich genoss einfach das unbeschwerte Leben mit Carlos und nahm Marks Nachrichten nur nebenbei zur Kenntnis. Doch recht bald nach dem anfänglichen Hoch, als Carlos wohl meinte, mich sicher zu haben, veränderte sich sein Verhalten mir gegenüber. Er wurde kühler, bezog mich nicht mehr in all seine Freizeit-Aktivitäten ein, unternahm mehr für sich selbst und umschwärmte mich auch nicht mehr. Ich spürte einen inneren Frust und ein Versagen. Schon wieder schien mich ein Mann nach der anfänglichen Euphorie fallen zu lassen. War ich wirklich so wenig interessant, dass es immer nur für die ersten Wochen reichte?

Mark meldete sich wieder und aufgrund der veränderten Situation mit Carlos und meinen damit verbundenen Minderwertigkeitskomplexen beschloss ich, mich mit Mark zu treffen. Vielleicht könnte er durch sein Interesse mein Selbstbewusstsein etwas aufpolieren. An all die traurigen Stunden, die ich aufgrund seines Verhaltens durchleben musste, schien ich damals nicht zu denken. Ich war so sehr für seine Worte empfänglich, was wohl auch damit zusammenhing, dass Carlos' Ex auf einmal wieder präsent wurde. Ich vermutete deswegen schon, dass unsere Trennung kurz bevorstand und flüchtete mich in ein Treffen mit Mark.

Mark und ich trafen uns und schnell landeten wir dort, wo ich niemals mehr mit ihm hinwollte. An dem Abend hatten wir unglaublich leidenschaftlichen Sex, doch gleichzeitig spürte ich, dass ich nicht mehr zu ihm zurückkonnte, denn die Verletzungen unserer Beziehung saßen zu tief. Auch er war nicht in der Lage, über das Vergangene zu reflektieren. Schuld war in seinen Augen ganz allein ich.

Es sollte unsere letzte Begegnung gewesen sein und wieder fühlte sich mein Leben an wie ein einziges Chaos, in dem ich zu versinken drohte. Mit Carlos war ich immer weniger glücklich, aber sehnte mich doch so sehr nach Liebe und Geborgenheit. Mark war Geschichte und hatte mir mit unserem Treffen nur vergegenwärtigt, was ich nicht mehr wollte. Ich fühlte mich verunsichert und so allein. Ich wollte nicht schon wieder von vorn anfangen. Nicht schon wieder ohne Beziehung sein und nicht schon wieder versagt haben, denn genau so fühlte sich jede gescheiterte Beziehung für mich an. Carlos spürte meine Zweifel, meine Verletzlichkeit, meine mangelnde Selbstliebe und meine Beklommenheit. Er nutzte die Chance meiner Unsicherheit und ohne es genau zu wissen, ging ich einen Pakt mit dem Teufel ein, indem ich bei ihm blieb und mich für den vermeintlich einfacheren Weg entschied.

Unsere Beziehung gestaltete sich ab jetzt jedoch alles andere als einfach. Ich wünschte mir Zweisamkeit, ein zärtliches Miteinander und vor allem Verbindlichkeit und Respekt und Carlos wollte im Gegenzug Freiheit, ordinäre Sexspielchen und die äußere Erscheinung eines perfekten Paars. Er ging seinen Hobbys nach, während ich zu Hause auf ihn wartete und wartete.

Eines Abends sollte etwas passieren, was für meinen Erkenntnisweg enorm wichtig war. Wir lagen im Bett und Carlos Finger wanderten über meine nackte Haut. Erst fühlte sich noch alles ganz normal an, doch plötzlich hatte ich einen Flashback. Ich spürte seine Hände über meinen Po fahren, als ich plötzlich erstarrte. Ich verspürte auf einmal nur noch Panik. Ich konnte keinen klaren Gedanken mehr fassen, war außer mir und schrie wie von Sinnen, dass er mich nicht anfassen solle. Mit meinen Händen schlug ich wild um mich. „Ich kann dich riechen," rief ich immer wieder in panischer Angst.

Carlos wirkte total erschrocken und versuchte mich zu beschwichtigen und zu beruhigen: „Baby, ich bin es, es ist alles gut!".

Doch ich bekam mich kaum unter Kontrolle. Alles war auf einmal da. Die Bilder meiner Kindheit. Der Missbrauch. Alles. Ich zitterte am ganzen Leib. Ich fror und schwitzte gleichzeitig. Alles, was ich über die Jahre so gut in einzelnen Schubläden verstaut hatte, flog mir in dieser Nacht um die Ohren. Ich erlebte einen Horrortrip in die Vergangenheit und wusste, dass ab diesem Moment nichts mehr so sein würde, wie es war.

Ich war psychisch, seelisch und auch körperlich am Ende. Diese Rückschau offenbarte mir grausame Bilder, die ich niemandem wünsche. Ich empfand Gefühle der Angst, des Abscheus, der Wut, der Unzulänglichkeit, der Scham, der Schuld, der tiefen Verletzung, des Hasses, der Unreinheit und noch vieles mehr. Völlig überfordert suchte ich mir Unterstützung und fand diese bald bei einer Psychiaterin.

Meine Beziehung mit Carlos lief indes weiter und gestaltete sich nach wie vor sehr kompliziert. Es gab Hochphasen, in denen wir Vertrautheit und Nähe erlebten, jedoch waren diese nur von kurzer Dauer und wurden schon nach kürzester Zeit durch Eiseskälte abgelöst. So ging das über einem Zeitraum von mindestens einem Jahr. Wenn wir miteinander schliefen, war es eher so, als würde mein Körper ein lebloses Stück Fleisch für ihn sein. Von Zärtlichkeit waren wir meilenweit entfernt.

Inzwischen lebte Carlos immer mehr sein Leben und schaute kaum nach mir. Er traf sich, wann er wollte, mit wem er wollte. Er feierte und ging seinen Hobbys nach. Auch machte er bis spät in die Nacht Überstunden und gab nicht Bescheid, wenn er später kam. Carlos machte immer öfter sein Ding und ich meine Therapie. Wir entfremdeten uns mehr und mehr und dadurch, dass ich durch Essen versuchte meine schmerzhaften Gefühle zu kompensieren, nahm ich sehr viel zu. Durch die Blume gab mir Carlos zu verstehen, dass ich ganz schön fett geworden sei. Die Lage unserer Beziehung spitzte sich zu und zu den Abwertungen kamen weitere Manipulationen. Es war ein Spiel von Nähe und Distanz, von Zuckerbrot und Peitsche. Ich fühlte mich an unsichtbaren Schnüren gehalten und konnte nicht ausbrechen. Carlos machte mir Versprechungen, die er nicht einhielt und wusste genau im richtigen Moment wieder freundlich und wohlwollend zu sein, so dass er mich hielt. Meine Verfassung verschlechterte sich zunehmend und aus der einst so strahlenden Martina wurde eine wütende, frustrierte und stille Frau. Von Freude war weit und breit nichts mehr zu sehen. Meine Selbstzweifel übermannten mich Tag für Tag und wie es für uns weitergehen sollte, wusste ich schon lange nicht mehr.

Meine Psychiaterin brachte es kurz und knackig auf dem Punkt. „Ich gebe ihnen den Rat, Carlos zu verlassen, denn ansonsten wird es Ihr Untergang!“ Auch mein Umfeld bestätigte dies, doch meine Schuldgefühle, wieder unsere Familie zu zerstören, hielten mich davon ab.

Tagein, tagaus war ich in der Rolle als Mutter und Hausfrau präsent, ging meinem Job nach und brannte innerlich aus. Schon lange fühlte ich mich nicht mehr begehrenswert und als Frau wahrgenommen. Zwischen mir und Carlos bestand kaum noch Verbundenheit. Jedes Gespräch endete in einer Vollkatastrophe, denn er übernahm keinerlei Verantwortung für unser Beziehungsdesaster. Wie oft hörte ich aus seinem Mund, dass ich zu empfindlich sei, jede andere Frau wäre cooler als ich und überhaupt wäre ich total gestört, was kein Wunder sei bei meinem kranken Familienhintergrund. Das hatte jedes Mal gesessen. Meine wunden Punkte kannte er zu genüge und stichelte genau darin herum. Kaum war die Wunde geschlossen, stach er wieder darauf ein. Für unsere sexuellen Probleme wurde ich auch verantwortlich gemacht. „Irgendwie spüre ich bei dir nichts.", war seine Aussage und er ergänzte, dass es besser wäre, wenn ich mich von einem Arzt untersuchen lassen würde. Im Zuge dessen vereinbarte ich einen Termin beim Gynäkologen und schilderte ihm mein Problem. Dieser war völlig entsetzt und außer sich. Er versicherte mir, dass alles in Ordnung sei und ich ernsthaft meine Beziehung hinterfragen sollte.

Die Maske fällt endgültig

Carlos und ich gingen immer öfter verbal und auch körperlich aufeinander los, bis es zu einer Auseinandersetzung kam, die ich niemals vergessen werde.

Wie schon so oft in den vergangenen Monaten stritten wir wieder. Ein ums andere Mal spitzte sich die Lage zu. Unsere Auseinandersetzungen wurden immer heftiger, verletzender und aggressiver. Doch dieser Streit sollte der traurige Höhepunkt unserer gemeinsamen Beziehung werden. Ich weiß nicht mehr den Anlass unserer Auseinandersetzung. Ein Wort ergab das andere. Carlos fühlte sich von mir anscheinend bis aufs Blut provoziert, denn plötzlich sah ich in seine hasserfüllten Augen und wusste, dass ich sofort den Raum verlassen musste, da es ansonsten nicht gut für mich ausgehen würde. Alle Alarmzeichen in meinem Körper reagierten. Ich erstarrte vor Todesangst und war nicht mehr in der Lage, einfach loszulaufen. Ich drehte mich mit den Rücken zu ihm, mit dem Blick Richtung Tür. Die Möglichkeit, die Wohnung zu verlassen, war zum Greifen nahe. Mein Herz schlug bis zum Anschlag. Es wären nur noch wenige Schritte gewesen und dann hätte ich es geschafft zu fliehen, doch dazu sollte es nicht mehr kommen.

Aus dem Hinterhalt packten mich seine Hände am Hals, drückten mich an die Wand, um mich dann mit voller Wucht von den Füßen und auf den Boden zu reißen. Es ging alles irrsinnig schnell. So fand ich mich auf einmal auf dem Rücken im Hausflur, während er auf mir saß und seine Hände mir die Luft abschnürten. Ich dachte wirklich, dass mein Leben nun zu Ende sei. Meine Versuche mich zu wehren scheiterten und innerlich flehte ich um Hilfe.
Was in dem Augenblick geschah, ist kaum in Worte zu fassen. Vielleicht war es ein Wunder? Vielleicht waren auch Schutzengel bei mir.

In letzter Sekunde entwickelte ich eine Kraft in mir, die mich aus seinen Fängen befreite. Ich weiß bis heute nicht, wie mir das gelingen konnte. Völlig panisch trat ich noch einmal nach ihm, um etwas Vorsprung zu erhalten. Ich schaffte es gerade so, in das Nebenzimmer zu flüchten und schloss mich dort ein.

Mein ganzer Körper zitterte wie Espenlaub und ich schrie, er solle mich in Ruhe lassen, da ich sonst die Polizei rufen würde.

Mein Handy trug ich schon seit Wochen bei mir, denn verbale Anfeindungen und Androhungen bekam ich schon seit einer gefühlten Ewigkeit zu hören. Er schien sich zu beruhigen, denn ich hörte keine Widerworte hinter der Tür.

Bis heute kann ich nicht sagen, wie lange ich auf dem Boden saß. Völlig zusammengekauert und voller Verzweiflung realisierte ich, was geschehen war. Nur allmählich normalisierte sich mein Puls, während mein Körper einem Eisblock glich. Nachdem ich mich ein wenig beruhigt hatte, ploppte diese Frage in mir auf: „Sollte das wirklich mein Leben sein?“.

Emotionaler Missbrauch: Narben, die keiner sieht

Trotz dieser Eskalation war ich weiterhin mit Carlos zusammen, was wohl viele Menschen, die noch nie mit einem Narzissten zusammen waren, sich gar nicht vorstellen können. Ich stand neben mir, ließ mein Leben in dieser Art so weiterlaufen und fand mit meinen damals tief eingebrannten Glaubenssätzen - nämlich nur mit einem Mann und in einer Beziehung glücklich sein zu können - keinen Ausweg. Ich ertrug unter dieser Prämisse alles und gestand mir selbst nicht ein, dass es allein nicht schlimmer sein konnte. Carlos und meine Partnerschaft verdienten nicht einmal mehr ansatzweise diesen Namen. Als stabil hatte ich sie niemals empfunden, eher als kalt und unberechenbar und inzwischen ließ sie mich immer mehr abstumpfen, zerbrechen und dahinvegetieren, als könnte ich kein Leben mehr in mir spüren.

Es war mir unmöglich Nähe zuzulassen, denn die massiven Abwertungen und Erniedrigungen hinterließen Blessuren. Ich höre noch heute seine Stimme in meinen Ohren, sobald der Schlüssel ins Schloss fiel und er mit einer entsetzlichen Stimme „Schaaaaatz?!" rief. Ich wusste ganz genau, was das für mich bedeute: Ich würde meinen Körper für ordinäre Sexspielchen hinhalten müssen, damit zumindest oberflächlich gesehen Ruhe und Frieden herrschte. Sobald er dann mit mir fertig war, erfüllt und befriedigt aufstand, lag ich da, benutzt, beschmutzt und furchtbar unglücklich, denn für mich fühlte es sich so schrecklich an.

Vielleicht fragt sich der eine oder andere, warum ich das so lange mitgemacht habe. Zu diesem Zeitpunkt hatte ich noch keine Ahnung von Narzissmus und toxischen Beziehungen und über das gesamte Ausmaß davon. Dass ich mich inmitten des emotionalen Missbrauchs befand, war mir nicht im Geringsten klar. Ich war nicht in der Lage, objektiv oder von außen auf dieses Beziehungsgeflecht zu schauen. Ich ertrug einfach nur und konnte kaum einen klaren Gedanken fassen. Wenn die Beziehung schlecht lief, wurde ich von Carlos alleine dafür verantwortlich gemacht. Schuld war immer ich. Alle Vereinbarungen und Versprechungen wurden grundsätzlich gebrochen und auch dafür wurde ich schuldig gesprochen. Er redete mir immer wieder ein, ich wäre gestört.

Die liebste Ausrede für sein schäbiges Verhalten war, dass ich ihn absichtlich provozieren würde, um einen Streit vom Zaun zu brechen.

„Lerne, Martina!", diese anmaßende Aufforderung hörte ich immer wieder aus seinem Mund, wenn er einen Dauermonolog abhielt. Versuchte ich mit seiner Familie über die Dinge, die mir widerfuhren zu sprechen, reagierten diese abweisend und verharmlosend. Oft wurden meine Offenbarungen mit den Worten: „Du bist einfach zu empfindlich, Martina.", abgetan. Ich hatte das Gefühl, auf dieser Welt völlig alleine zu sein, denn irgendwie verstand niemand, was ich durchmachte und wie wertlos ich mich fühlte. Heute denke ich, dass sie es nicht verstehen wollten und sich damit in gewisser Weise vor einer Verantwortung drückten, denn eigentlich hätten sie ja beim Verstehen des ganzen Ausmaßes unserer Beziehung und Carlos Verhaltensweise aktiv werden und eingreifen müssen.

Burnout mit Aussicht auf Verbesserung

2014 kam mein absoluter Zusammenbruch. Ich hasste mein Leben so sehr. Die Beziehung raubte mir jegliche Lebensenergie und das Gefühl völlig verrückt zu sein, bestätigten Carlos Worte Tag für Tag. Es verschwanden Dinge in unserer Wohnung, von denen ich genau wusste, dass ich sie an einem festen Platz abgelegt hatte. Sprach ich das an, wurde mir erneut bestätigt, dass ich wohl verrückt sei: „Schatz, was ist denn los mit dir? Du vergisst immer mehr Dinge!".

Ich war so verzweifelt, denn ich wusste genau, dass ich zum Beispiel den Schlüssel auf den Tisch gelegt hatte. Einige Stunden später lag dieser dann wieder an Ort und Stelle und Carlos triumphierte sichtlich darüber, denn so bewies er erneut, dass ich verrückt sei. So erlebte ich unsere Beziehung nun schon seit Jahren und ich war einfach nur noch fertig. Eine Trennung kam für mich nicht in Frage, denn ich trug noch die Schwere der Schuld auf meinen Schultern, nachdem ich meinen Mann verlassen hatte. Ich wollte nicht wieder versagen. Ich hatte Angst vor dem Alleinsein. Ich hatte wahrscheinlich Angst vor der Konfrontation mit mir selbst.

Auf der Arbeit konnte ich mich kaum noch konzentrieren und mir unterliefen Fehler, die ich irgendwann auch nicht mehr rechtfertigen konnte. Schlaf und Erholung wurden zur Mangelware und meine Anerkennung versuchte ich mir dennoch über den Job zu holen. Doch auch hier blieb die Bestätigung aus und somit brach ich Anfang 2014 völlig ausgebrannt zusammen. Burnout, depressiv und keine Motivation mehr, mein Leben fortzuführen. Völlig leer und ohne jegliche Empfindungen stand ich an den Gleisen eines kleinen Bahnhofs ein paar Nachbarorte weiter. „Der nächste Zug könnte meiner sein", waren meine Gedanken, als ich in die Ferne sah. Ich hatte einfach keine Kraft mehr. Lieber wollte ich sterben, als noch länger den unerträglichen Schmerz in mir zu fühlen.
In der Abendsonne sah ich einen ICE heranfahren, der sich dem Bahnhof näherte und eine Stimme in mir schrie auf: „Bist du verrückt, Martina? Du bist Mutter!".

Völlig verwirrt stand ich da und fuhr mit meinen Händen durch meine Haare und anschließend durchs Gesicht. Wie tief war ich gesunken, solche Gedanken umsetzen zu wollen? Übermüdet und ohne jegliche Perspektive ließ ich mein Vorhaben glücklicherweise fallen und ging nach Hause.

Die darauffolgenden Tage verbrachte ich mit zugezogenen Jalousien in meinem Bett. Nur ein kleiner Spalt blieb offen, durch den sich die Sonne ihren Weg suchte. Das Zimmer verließ ich nur, wenn nötig, sprich, wenn ich meiner Mutterrolle nachkam. Sobald sich die Möglichkeit wieder ergab, zog ich mich in mein dunkles Schlafzimmer zurück und hörte mir in Endlosschleife das Lied – Brothers in arms von den Dire Straits an. Unentwegt liefen mir die Tränen runter und ich bat Gott um Hilfe. Ich glaubte nicht an irgendwelche übernatürlichen Wesen oder Mächte, doch ich konnte nicht aufhören zu beten.

Ich erschrak, als Carlos auf einmal vor mir stand und sich erkundigte, wann ich denn endlich wieder „normal" sein würde? In meinen Gedanken führte ich Selbstgespräche, die ich mit keiner Silbe laut aussprechen konnte. So gerne hätte ich Carlos gesagt, dass ich keine Lust mehr auf dieses Leben mit ihm hatte, jedoch blockierte mein Inneres jegliche Kommunikation. Er faselte noch irgendetwas vor sich hin und wendete sich dann von mir ab.

In dem Moment bekamen meine Worte eine Stimme und ich schrie heraus: „Ich will mein Leben wiederhaben!". Carlos drehte sich um und seine Antwort darauf werde ich wohl niemals vergessen können: „Ich wusste nicht, dass es so schlimm um dich steht". Mehr sagte er nicht und verließ das Zimmer.

Da ich es geschafft hatte, vor Carlos meinen innigsten Wunsch zu äußern, gab mir das etwas Kraft zurück. Irgendetwas war dadurch anders als noch ein paar Augenblicke zuvor. Mit aufkeimendem Mut und Hoffnung badete ich erstmal ausgiebig und überlegte, was ich nun tun könnte, um mir tatsächlich mein Leben wieder zurückzuholen.

Am nächsten Tag bekam ich zum Glück einen Termin bei meiner Hausärztin und von da an ging alles seinen Gang. Sie gab mir eine Liste mit Telefonnummern von unterschiedlichen Therapeuten mit, die ich nacheinander anrief. Es kostete mich sehr viel Kraft auf die Anrufbeantworter zu sprechen, denn direkt ans Ohr bekam ich niemanden, bis plötzlich mein Telefon klingelte und eine ruhige Stimme fragte, wie mir weitergeholfen werden könnte. In dem Moment spürte ich, dass dieser Mann am Ende der Leitung meine Rettung sein würde. Wir hatten sofort eine Ebene, in der ich mich angenommen fühlte und so vereinbarten wir unseren ersten Termin.

Das Ganze hatte einen Haken, denn dieser Therapeut rechnete privat ab und nicht über die Krankenkasse. Ich wusste, dass mich diese Therapie einige tausend Euro kosten würde, doch das war mir egal, denn ich wollte einfach nur gesund werden.

Hochmotiviert wollte ich meine Verletzungen an die Oberfläche holen und arbeitete fleißig an meinen inneren Konflikten. Durch diese zerrüttete Beziehung hindurch, all die Demütigungen, Beleidigungen, Abwertungen Verletzungen und den Schmerz spürte ich diese tiefe innere Traurigkeit und Trauer, nicht gut genug zu sein. Warum sonst passierte mir das? Womit sonst hatte ich das verdient? Dieser ewige innere Mechanismus, der mich dazu trieb, einen Partner für mein persönliches Glück zu brauchen, das sich jedoch nicht einstellte fiel mir langsam auf und machte mich noch trauriger.

Der Mann war zwar da, aber irgendwie nur als Fassade, denn ich fühlte mich die ganze Zeit allein und einsam.

Während dieser intensiven Zeit des Reflektierens legte ich immer wieder Pausen ein und ging in die Natur, um frische Luft zu tanken und mir meine Fortschritte und Erkenntnisse zu vergegenwärtigen. Das Zwitschern der Vögel hatte eine beruhigende Wirkung auf mich und auch die Sonnenstrahlen halfen mir dabei, auf die Beine zu kommen. Wie schön die Natur war und welche besondere Energie von ihr ausging, verspürte ich inmitten der satt blühenden Wiesen.

Ja, ich wollte mein Leben zurück, denn schon seit über zehn Jahren lief es alles andere als gut. Ich versprach mir, immer wieder aufzustehen und diszipliniert an meinen Verletzungen zu arbeiten. Im Sommer ging es zusätzlich in eine 5-wöchige Rehabilitation, da ich noch immer nicht in der Lage war, meinem Job nachzugehen. Zwischen Carlos und mir lief es so, wie zwischen zwei Menschen, die miteinander funktionierten. Es gab ein kurzes Aufflackern unserer Liebe, die dennoch keine war. Die Reha tat mir unfassbar gut und seit langem hatte ich wieder richtig Spaß am Leben. Natürlich kamen einige Themen an die Oberfläche, unter anderem auch meine Masken, die ich mir selbst angezogen hatte. Beispielsweise wirkte ich nach außen cool und souverän, obwohl ich innerlich verletzt und instabil war. So erlebten mich Außenstehende als taffe Person, die lächelte und einfach weitermachte, welches Problem ihr auch immer über den Weg lief. Doch eigentlich kannte ich keine Lösung und ging nur über meine Befindlichkeiten hinweg. Viel lieber beschäftigte ich mich mit anderen statt mit mir.

Meine Therapeutin erkannte das und sprach mich darauf an. Für mich war das ein furchtbarer Moment. Dieser Mensch erkannte einfach meine Schwächen, an deren Vertuschung ich so hart gearbeitet hatte. Die Aufrechterhaltung der beschriebenen Fassade war zuvor mein Schutzschild. In der äußeren Welt mimte ich die Starke oder war der Pausenclown und die, die auf alles eine Antwort hatte, doch in mir fühlte ich mich schwach und auch so wackelig. Wenn dir dein Schutzschild genommen wird, bist du noch verletzlicher als vorher. Du hast keine alten Muster und Strategien mehr, auf die du zurückgreifen kannst, um dein kaputtes Leben zu meistern. Nach fünf Wochen dann war die Maßnahme vorbei und es sollte sich bis zum heutigen Tag eine wunderschöne Freundschaft mit Sandra entwickeln, die ich dort kennenlernte.

Die Beziehung mit Carlos verlief weiterhin total ambivalent und der Verdacht, dass er mich mit anderen Frauen betrügt, bestätigte sich jeden Tag mehr. Ich fand in seiner Geldbörse einen Zettel mit einigen

Telefonnummern unterschiedlicher Damen. Die Vermutung, dass es sich um Prostituierte handelte, bestätigte sich, denn er gab zu, es spannend zu finden, solche Nummern bei sich zu tragen.

Die Schuld bekam selbstverständlich ich dafür, da ich ihn schon seit einem Jahr nicht mehr ranlassen würde. Was für eine verdrehte Welt aus heutiger Sicht!

Der eine oder andere Leser wird sich vielleicht fragen, ob ich nicht schon längst während der Therapie über eine Trennung nachgedacht habe. Die Antwort lautet ja, jedoch fühlte ich mich zu solch einem, für mich übermächtigen Schritt noch nicht in der Lage. In meiner Vorstellungswelt war ich dem Leben ohne Mann an meiner Seite nicht gewachsen. Ich hatte panische Angst davor. Außerdem hatte ich immer die Hoffnung, dass er irgendwann erkennt, wie glücklich ich ihn mache. Ja, damals dachte ich noch, dass es meine Aufgabe wäre, meinen Partner glücklich zu machen. Heute weiß ich, das kann nur jeder für sich selbst.

Für mich war es inzwischen unmöglich Nähe zulassen, ganz zu schweigen von sexueller Aktivität, denn die Abwertungen und Manipulationen hatten weitere tiefe Verletzungen hinterlassen. Trotz dessen, dass ich mich in einer Beziehung befand, fühlte ich mich so einsam wie noch niemals zuvor. Die Kommunikation, das Zusammensein und die ewigen Off-Phasen bauten Schutzmauern um mein Herz herum auf, die für Trennung sorgten statt Verbundenheit. Es dauerte noch einige Monate, bis eine völlige Eskalation das Fass zum Überlaufen brachte.

Er beschimpfte mich mit frauenfeindlichen Abwertungen, die ich schon seit Jahren aus seinem Mund hörte und ich hasste ihn dafür. Es kam ein Moment, wo ich nicht tiefer hätte fallen können. Wir schrien uns an und er provozierte mich so sehr, dass ich völlig eskalierte. Wie von Sinnen schlug ich auf ihn ein und für mich gab es kein Zurück mehr, bis ich zum x-ten Mal die Trennung aussprach. Ich schämte mich für meinen Ausbruch so sehr, doch durch den jahrelangen Missbrauch sowohl aus meiner Kindheit als auch von Carlos herbeigeführt existierte keine liebende Seele mehr in mir.

Zwischendurch überkamen mich massive Selbstzweifel, ob Carlos nicht einfach nur recht hatte mit dem, was er über mich sagte. Es ging mir richtig beschissen, anders lässt sich der Zustand nicht beschreiben. Immer wieder attackierte und erniedrigte er mich und hatte sichtlich Spaß daran, Reaktionen aus mir herauszukitzeln, um dann wieder zu bestätigen, dass ich nicht normal bin. Ich hatte diesen Mann so satt und sagte ihm, dass ich ihn loswerden wollte, ansonsten ging ich ihm weitestgehend aus dem Weg. Zwischendurch flehte er mich an, dass ich meine Entscheidung noch einmal überdenken sollte, nur um mich kurz darauf wieder abzuwerten.

„Alles ist besser, als noch einen Tag länger mit dir zusammenzubleiben.", oder: „Es ist vorbei!", mehr Worte bekam ich nicht aus dem Mund, denn im Grunde genommen hatten wir uns schon alles gesagt. Meine Therapie, die Natur und das Beschäftigen mit mir selbst ließen eine kleine zarte Pflanze in mir wachsen, die sich Selbstvertrauen nennt, denn nur so war es möglich, den Weg der tatsächlichen Trennung auch zu gehen.

Er lachte mich aus und antwortete, dass ich sowieso wieder angekrochen komme, wenn ich wieder normal wäre. Die Menschen, die ihn kannten, erlebten ihn als den Saubermann, stets hilfsbereit und fürsorglich. Das wahre Gesicht bekam nur ich präsentiert, denn der emotionale Missbrauch fand hinter verschlossenen Türen statt.

Ich befand mich nun seit fast zwei Jahren in der Therapie, als mein Therapeut das Wort Narzissmus erwähnte. Carlos ein Narzisst? Wir führten eine toxische Beziehung? Holy shit! Irgendwie erleichterte mich diese Aussage. Ich hatte das erste Mal das Gefühl, nicht allein an allem schuld zu sein. Nun gab es auch eine Art Diagnose für meinen Partner. Es erklärte mir auch die on/off Phasen und zahlreiche Trennungen, die es immer wieder zwischen uns gab. Gerne hätte ich mich intensiver mit dem Thema auseinandergesetzt, doch dafür blieb mir aktuell keine Zeit. Ich war damit beschäftigt, mein Leben auf die Reihe zu bekommen. Meine Tochter, die mittlerweile erwachsen war, arbeitete im Ausland als Au Pair und bekam glücklicherweise recht wenig von unserer Trennung mit.

There is no turning back – Es gibt kein Zurück mehr

Carlos und ich stritten ununterbrochen, doch zeitgleich öffneten sich die Türen in meine neue Welt. Nachdem ich eine weitere Wohnungsbesichtigung hatte, bekam ich die Zusage und so sollte es nicht mehr lange dauern, bis ich endlich wieder frei war. So dachte ich zumindest. Mir war es egal, ob ich Möbel hatte oder nicht und so zog ich mit dem, was ich zusammenbekommen konnte, in meine neue

Wohnung. Es war alles andere als leicht, doch ich hatte wundervolle Herzensmenschen um mich herum, die mir dabei halfen, meine neue Wohnung herzurichten. Mich plagten ununterbrochen Schuldgefühle und ich kann mich noch gut erinnern, dass mich Theo, mein Ex-Mann, in den Arm nahm und sagte: „Tina, es wird alles wieder gut. Du schaffst das." Seine Freundin stand neben uns und sprach mir ebenfalls Mut zu.

Die nächsten Wochen waren alles andere als einfach, denn meine Zukunftsängste waren präsenter als jemals zuvor. Ich wusste, dass es nicht leicht werden würde, denn das Geld war knapp und ich drehte jeden Cent mehrmals um. Mein Ex machte ununterbrochen Stress und versuchte über andere, die sogenannten Flying Monkeys, an mich heranzukommen. Die meisten Leser kennen wahrscheinlich „Der Zauberer von Oz", ein recht alter amerikanischer Märchenfilm. Die böse Hexe verfügt hier über eine Herde fliegender Affen, die in ihrem Auftrag böse Taten vollbringen. In der Trauma-Therapie werden die Handlanger von Narzissten auch als Flying Monkeys bezeichnet. Diese Helfer stehen selbst in Abhängigkeit zum Narzissten und unterstützen ihn dabei, die Beziehung zum Ex-Partner aufrecht zu erhalten. Dies geschieht vor allem über Soziale Medien.

Carlos drohte mir mit den übelsten Sachen, unter anderem mein Auto so zu manipulieren, dass es für mich kein gutes Ende nehmen würde. Ich ließ mich nicht mehr einschüchtern und auch wenn ich große Angst hatte, kämpfte ich weiter für mein neues Leben. Nun inspizierte ich jeden Morgen vor der Arbeit mein Auto auf Spuren, die auf Manipulationen hinwiesen. Ich konnte die Uhr danach stellen, wann er seine Stippvisiten durchführte und an meiner neuen Wohnung vorbeifuhr. Kontrolle kannte ich schon aus unserer Beziehung und mir war klar, dass das auch nicht so schnell aufhören würde.

In der Nachbarschaft gab es einige Single Ladys und so lernte ich Maja kennen. Sie wohnte nur ein paar Häuser weiter und wurde mit der Zeit zu einer wirklich guten Freundin. Ich erzählte ihr von meinen letzten zwölf Jahren, die ich nunmehr in toxischen Beziehungen verbracht hatte und dass ich mir nichts sehnlicher wünschte, als dass der Albtraum endlich vorbei wäre. Meine Ängste, die sich in den letzten Jahren in jeder Zelle meines Körpers festsetzten, konnte ich vor ihr und auch vor meinem neuen besten Freund nicht verbergen. Sein Name war Thomas. Er wohnte ebenfalls in der Nachbarschaft und war ununterbrochen für mich da.

Sobald mein Telefon klingelte, zuckte ich zusammen und mit leiser Stimme war ich immer noch die Ja - Sagerin, die nicht wirklich für sich einstehen konnte. Mein bester Freund sah mich an und fragte mich, wie lange ich mich noch kontrollieren lassen wollte und nur mit ganz kleinen Schritten kam ich in meinem neuen Leben voran. Der Missbrauch der letzten Jahre saß so tief und meine Selbstzweifel nagten an mir. Mein Leben war eine einzige Katastrophe und ich bemitleidete mich zutiefst. Womit hatte ich all diese Schmerzen, die ich schon seit meiner Kindheit erlebt hatte, verdient? War ich ein schlechter Mensch, dass mir das Leben so übel mitspielen musste? Wurde ich bestraft, weil ich meinen Mann verlassen hatte?

Die Fragen, die ich mir stellte, führten weder zu einer Antwort noch zu einer Lösung, vielmehr ging es mir dadurch noch schlechter.

Maja schaffte es tatsächlich, mich ins Leben zurückzuholen, indem sie sehr viel Zeit mit mir verbrachte und es kehrte ein wenig Normalität zurück. Mein Ex schrieb mir immer noch Nachrichten, wie sehr er mich lieben würde, doch es berührte mich nicht mehr. Es war vorbei, zumindest mit ihm. Meine Beziehungen zu Narzissten sollten jetzt so richtig Fahrt aufnehmen, doch das wusste ich zu diesem Zeitpunkt noch nicht. Ich hatte keine Ahnung, was die nächsten Jahre versprachen und es war vielleicht auch besser so, denn der Albtraum war noch lange nicht vorbei.

Maja und ich sollten uns finden, denn uns verband die Leidenschaft des Feierns. Wo es Alkohol gab, da waren wir. Meine Tochter war mittlerweile aus dem Ausland zurückgekehrt und wohnte übergangsweise bei ihrem Vater. Ein Zusammenleben mit mir war ihr nicht möglich. Die Trennung von ihrem Vater, meine toxischen Beziehungen, die exzessive Zeit, als das Feiern mein Leben bestimmte, all das hinterließ bei ihr tiefe Verletzungen. Sie fühlte sich ungeliebt und abgelehnt. Genau das hatte ich nie gewollt. Es war meine größte Angst gewesen ihr dieses Gefühl zu vermitteln, denn schließlich kannte ich Ablehnung aus meiner eigenen Kindheit nur zu gut.

Es gab noch einige Konflikte mit meinem Ex, die immer wieder dazu führten, das Band zwischen uns nicht vollständig aufzulösen. So saß ich Abend für Abend auf meiner Couch und reflektierte die letzten zwölf Jahre in meinen toxischen Beziehungen. Meine Gefühlswelt war ein einziges Chaos. Auf der einen Seite hatte ich noch große Ängste in mir und auf der anderen Seite suchte ich nach Bestätigung, dass ich doch in irgendeiner Form wertvoll bin. Maja machte den Vorschlag, mich auf diversen Singleplattformen anzumelden, um: „den Stock aus dem Arsch zu nehmen.“.

Bevor man einen Prinzen findet, muss man viele Frösche küssen

Ich muss gestehen, dass ich von der Onlinewelt keinen blassen Schimmer hatte, denn es gab zuvor keine Berührungspunkte. Facebook, Instagram, Tinder & Co waren eher Fremdwörter für mich. So meldete ich mich zuerst auf Facebook an und es dauerte nicht lange, dass ich die Aufmerksamkeit diverser Männer erhielt. Es fühlte sich so gut an Komplimente zu erhalten und dass sie Interesse an einem Kennenlernen mit mir bekundeten. In meiner gutherzigen Naivität sprang ich sofort auf die Nachfragen an und schrieb mit einigen Männern gleichzeitig. In kürzester Zeit füllte sich mein Selbstwertkonto auf und da war ich wieder: Die sexy Single-Lady, die sich über die äußere Welt definierte. Die ersten Dates ließen nicht lange auf sich warten und ich geriet an Männer, die sich ein schnelles Abenteuer mit mir erhofften.

Es war nicht das, was ich mir tief in meinem Herzen wünschte, dennoch ließ ich mich auf das Abenteuer ein. So sprang ich von einem Bett ins nächste und erfüllte den Männern ihre Wünsche. Mich selbst und meine Bedürfnisse ließ ich völlig außen vor.

Ich spürte einen unfassbar großen Drang, mir die Bestätigung von den Sex-Partnern zu holen.

Wie? Das war mir egal. Von da an war ich damit beschäftigt, in regelmäßigen Abständen mein Profilbild auf Facebook zu verändern, um wieder die Bestätigung zu bekommen, dass ich schön genug bin und vor allem wertvoll. Je mehr Likes ein Bild erhaschen konnte, umso mehr fühlte ich mich bestätigt, dass ich doch gut genug war. Ein Kreislauf begann, der böse enden sollte.

Ich entwickelte eine Gefall-Sucht in mir und ich musste immer in irgendeiner Form in Beziehung zu Männern stehen. Meistens fand ich mich mit ihnen im Bett wieder, um dann benutzt abserviert zu werden. Warum sie mit mir keine feste Beziehung eingehen wollten, verstand ich zum damaligen Zeitpunkt nicht. Gefühlt bekamen sie alles von mir. Sexuelle Befriedigung, Aufmerksamkeit und Fürsorge. Ich war das nette, einfach zu habende Mädchen von nebenan, das die Bedürfnisse der Männer befriedigte. Für eine Beziehung reichte es nie aus. Schon nach kürzester Zeit distanzierten sie sich, um mich im weiteren Verlauf eiskalt fallenzulassen.

Meine Freundinnen hatten nicht solche Probleme. Ihnen liefen die Männer selbst nach dem Sex noch hinterher. Sie gingen lockerer mit ihren Eroberungen um, suchten nicht sofort etwas Verbindliches. Das war bei mir anders. Jeder Mann, der sich mit mir verabredete, war in meiner Illusion schon der Partner meiner Träume. Das hinter meinem Muster die Liebessucht stand, war mir überhaupt nicht klar. Ich gebe zu, dass ich zu diesem Zeitpunkt sehr naiv unterwegs war. Mein Drang nach Aufmerksamkeit entwickelte sich in einer sehr ungesunden Form und somit nahm ich all meinen Mut zusammen und meldete mich auf diversen Singleplattformen an. Es war ziemlich aufregend, denn auf einmal hatte ich die Aufmerksamkeit von unzähligen Männern.

Auch wenn ich leicht überfordert war, denn ich schrieb zeitgleich mit unterschiedlichen Typen, machte es mir großen Spaß, stärkte mein Selbstbewusstsein und fütterte meine Sucht nach Aufmerksamkeit. Einer der Kandidaten stach aus der Masse hervor. Karl war anders als die, mit denen ich zuvor geschrieben hatte. Er wirkte eher zurückhaltend, etwas schüchtern und dennoch unglaublich charmant. Wir wechselten sehr schnell auf WhatsApp und es dauerte nicht lange bis er mich nach dem ersten Date fragte. Natürlich willigte ich sofort ein, denn ich verspürte eine wahnsinnig große Anziehungskraft. Ich malte mir schon unsere Zukunft in den schönsten Farben aus und konnte es kaum erwarten, ihn am nächsten Tag zu treffen. Endlich war es soweit. Unser erstes Date stand an und mein Herz klopfte bis zum Hals.

Dadurch, dass ich zuvor an einige Männer geraten bin, die mich nach dem ersten Sex abservierten, begleitete mich auch ein wenig Angst, dass sich diese Erfahrungen mit ihm wiederholen würden.

Doch ich wollte nicht zu bedürftig wirken und überspielte gekonnt meine Angst, als ich ihn wartend vor dem Restaurant antraf. Freudestrahlend ging ich auf ihn zu und als wir uns zur Begrüßung in den Arm nahmen, spürte ich ein Feuerwerk der Liebe. Es war erneut um mich geschehen. Schockverliebt und völlig euphorisiert himmelte ich diesen Mann den ganzen Abend an. Er war so aufmerksam, brachte mich ununterbrochen zum Lachen und machte mir unentwegt Komplimente. Oh mein Gott, war ich verliebt. Kaum, dass unser Date zu Ende war und wir getrennt voneinander nach Hause fuhren, sah ich schon die erste Nachricht auf dem Bildschirm meines Handys. Nicht nur meine Augen funkelten, nein, es war so viel mehr. Ich war bis über beide Ohren verliebt und musste ihn so schnell wie möglich wiedersehen. Diese Nacht sollte unvergesslich werden, denn wir schrieben ununterbrochen. Die Herzchen, die wir uns nach jedem Wort zuschickten, ließen unsere Gefühle Achterbahn fahren. Sollten meine Gebete endlich erhört worden sein und der Leidensweg ein Ende haben?

Wir verabredeten uns sofort für den Abend und ich konnte es kaum erwarten, ihn endlich in die Arme zu nehmen. Es fühlte sich an, als würde ich in einen Sog gezogen werden, gegen den ich nichts unternehmen konnte. Selbst, wenn ich anders gewollt hätte, war die Anziehung zwischen uns enorm groß. Wir küssten uns leidenschaftlich zur Begrüßung und im Radio spielte der Song von

Phillip Poisel: „Erkläre mir die Liebe", das von da an unser Lied war. Eng umschlungen tanzten wir zur Melodie und konnten unsere Lippen nicht voneinander lassen. Es war unbeschreiblich schön - als würden wir uns schon ewig kennen.

„Ich liebe dich", flüsterte er mir zärtlich in mein Ohr, was ich voller Freude und Glück erwiderte. Aus heutiger Sicht der absolute Wahnsinn, wenn man bedenkt, dass wir uns erst 2 Tage kannten seit dem ersten Kontakt. Die darauffolgenden Tage sahen wir uns jeden Abend und wenn wir nicht zusammen waren, schrieben wir pausenlos oder telefonierten. Es sollte uns ein weiteres Lied verbinden, denn das erhielt ich von ihm als Zeichen seiner Liebe.

Sinn für Romantik hatte er und dafür liebte ich ihn umso mehr. „Andreas Gabalier – Für mich bist du schön" hörte ich von da an in Dauerschleife. Es ging alles so wahnsinnig schnell mit uns.

Wenn die Liebe zur Droge wird

Dann der große Schock für mich. Nach nur einer Woche voller Liebe, Verschmelzung und leidenschaftlichem Sex bekam ich einen Anruf von Karl. Er schluchzte ins Telefon und beendete unsere Beziehung, die gerade erst anfing, mit den Worten, dass ihm das alles zu schnell ginge und es nicht an mir läge. Ich geriet in Panik und flehte ihn an, mich nicht zu verlassen, doch für ihn gab es kein Zurück.

Da saß ich nun auf meinem Bett und verstand die Welt nicht mehr. Es war doch alles so schön zwischen uns. Tausende von Gedanken durchfluteten meinen Kopf und allgegenwärtig griff ich zum Handy, um meinen besten Freund anzurufen. Nur wenige Minuten später klingelte er an meiner Tür und ich erzählte ihm von meinem Liebesdrama und er hörte einfach nur zu. Ohne fragen zu müssen, reichte er mir immer wieder ein Taschentuch, denn ich konnte einfach nicht mehr aufhören zu weinen. Ich kannte den Schmerz, den ich zum ersten Mal bei der Trennung von Mark verspürte. Es wiederholte sich alles: der Schmerz, die Gedanken, einfach alles.

So einfach konnte ich Karl nicht gehen lassen, ohne ihm zu schreiben, wie sehr ich ihn liebe und dankbar für die wundervollen sieben Tage bin. Er schrieb sofort zurück, dass ihm alles furchtbar leidtäte und er mich niemals verletzen wollte. Gerade in diesem Moment hatte er es getan.

Niemand konnte verstehen, warum es mir so schlecht ging. Immer wieder wurde ich ermahnt, dass es doch nur eine Woche gewesen wäre, die wir uns kannten, doch für mich war es mehr. Zu keinem Zeitpunkt fühlte ich mich so begehrenswert wie bei ihm. Die Aufmerksamkeit, die Karl mir entgegengebracht hatte, ließ all meine Selbstzweifel in Luft auflösen. Es war einfach zu schön, um wahr zu sein. Die nächsten Tage verbrachte ich ununterbrochen damit zu schauen, ob er online ist oder fuhr an seinem Haus vorbei, um zu schauen, ob Licht brannte. Was ich mir davon erhoffte, kann ich aus heutiger Sicht nicht mehr sagen. Ich tat es einfach.

Meinen Schmerz konnte ich nicht eine Sekunde länger aushalten und so tat ich das, wovon ich inzwischen jedem nur abraten möchte. Dadurch, dass ich wie auf Entzug durch den Tag lief, brauchte ich Ablenkung vom Schmerz und das würde nirgendswo leichter gehen als auf einem Dating Portal. Ich hätte mir die Zeit für mich nehmen sollen. Ich hätte versuchen können zu verstehen, warum alles soweit kommen musste. Stattdessen suchte ich Ablenkung, Spaß und Zerstreuung bei den nächsten Verehrern auf der Dating-Plattform. Schon kurze Zeit später sollte es zu einem Date kommen, das ein reines Fiasko war. Ich empfand mich danach noch leerer und ausgelaugter.

An einem verregneten Sonntag fühlte ich mich einsam wie schon lange nicht mehr, bis plötzlich mein Telefon aufleuchtete. Oh mein Gott, es war Karl und er schrieb mir nur diese Worte: „Ich vermisse deinen Körper.". Jede andere Frau hätte wahrscheinlich „F*ck you" gesagt und ihn blockiert. Nicht ich, denn ich war eine liebessüchtige Frau auf Entzug. Meine Gedanken waren total verzerrt und mein Körper reagierte sofort darauf mit dem Drang, ihn sehen zu wollen. So schrieb ich ihm zurück und schon eine Stunde später war ich bei ihm. Für meine Sehnsucht war es zuerst die Erlösung schlechthin. Die unendliche Hoffnung keimte in mir auf, dass er erkennen würde, dass ich die Richtige für ihn war. Ich wusste, er bräuchte nur etwas Zeit, um sich wieder in mich zu verlieben.

Doch er war nicht mehr der Karl, den ich zuvor kennengelernt hatte. Er war freundlich, keine Frage, doch nach dem Sex, der unmittelbar nach der Begrüßung folgte, sollte keine weitere Nähe entstehen.

Er bat mich zu gehen und mein Schmerz kam erneut zum Vorschein. Ich fühlte mich so einsam, so benutzt, so minderwertig und so abgelehnt.

Dadurch, dass er sich nach dieser Begegnung über mehrere Wochen nicht mehr bei mir meldete, lenkte ich mich erneut mit anderen Männern ab. Zu diesem Zeitpunkt konnte ich nicht anders. Der Drang nach Nähe und Aufmerksamkeit war mein innerer Antrieb. Ich kann verstehen, wenn es Stimmen gibt, die sagen, dass ich total dumm war, selbst Schuld hatte und vielleicht noch Schlimmeres. Doch ich war süchtig und nicht mit mir im Reinen. Mehr Worte braucht es dafür nicht.

Inzwischen kam es zwischen Karl und mir immer wieder zu Treffen, bei denen wir Sex miteinander hatten. Die Liebe, die ich für ihn empfand, wurde mit jedem weiteren Treffen neu entfacht. Doch sobald ich mich emotional öffnete, zog er sich wieder zurück. Dating-Ratgeber wurden meine abendliche Bettlektüre. Die Entscheidung, um Karl zu kämpfen traf ich, nachdem wir mal wieder leidenschaftlichen Sex miteinander hatten. Ihn und sonst keinen, sagte ich mir, obwohl es keinerlei Anzeichen gab, dass meine Gefühle erwidert wurden.

Es war ein unausgesprochenes und lockeres Verhältnis zwischen uns. Wenn er Druck hatte, meldete er sich und ansonsten war ich Luft für ihn. Ein bisschen Anfüttern und wieder Wegstoßen, das war unsere Dynamik, on/off, komm her, geh weg und zwischendurch seine eiskalten Blicke. Während ich diese Zeilen schreibe, wird mir nochmal mehr bewusst, was ich damals mit mir habe machen lassen. So krass. Mein Bauchgefühl meldete sich ununterbrochen, doch Karl und ich konnten nicht miteinander und auch nicht ohne.

Meine Freunde verzweifelten so sehr an mir und wussten keinen Rat mehr. Denn natürlich waren sie es, die sich mein Gejammer in den Off-Phasen anhören durften, die mich versuchten aufzubauen und mir den Rücken zu stärken. Sie bemerkten, was dieses Spiel mit mir machte, wie sehr ich erneut litt und daran zerbrach. Meine beste Freundin Karla versuchte mich immer wieder wachzurütteln und verstand nicht, dass ich ständig Ausreden für sein hin und her erfand. Ich hatte mir in den Kopf gesetzt, ihn zurückzuerobern und daran hielt ich krampfhaft fest. Ach, was hatte ich doch für unterschiedliche Masken, die ich nun nacheinander aufsetzte. Mal war ich die Coole, mal die Verständnisvolle, im nächsten Moment die perfekte Geliebte und nicht zu vergessen die Tankstelle, die regelmäßig angezapft wurde, wenn es ihm nicht gut ging. Ich war alles, nur nicht ich selbst. So zog sich unsere Krümelbeziehung fast ein Jahr hin.

Ja, es gab diese Stimme in mir, die schrie ich müsse diese Beziehung verlassen und dass mich Karl nur benutzt. Ich wollte es nicht hören, sondern verfolgte weiter meine alteingefahrene Strategie.

Originalauszug aus unserem Whatsapp Verlauf:
„Karl? Ich habe dir immer gesagt, dass ich ehrlich bin. Mein Bauchgefühl meldet sich, ist hier gerade alles gut? Belügst du mich? Ich freue mich auf dich.“
„Martina, was soll ich dir sagen? Ich vermisse dich wirklich und es gibt

niemand anderes. Lass es uns langsam angehen und nicht erdrücken. Ich genieße deine Nähe und will ehrlich mit dir sein, habe etwas Angst vor deiner Feinfühligkeit. Du kannst dich so dermaßen in andere Menschen hineinversetzen und davor habe ich Angst. Ich habe die Vermutung, dass du immer weißt, was ich denke. Nicht, dass ich ein schlechtes Gewissen habe, aber das ist schon mega."

Was für eine Nachricht, aus heutiger Sicht. Ich lasse das erstmal unkommentiert stehen. Wie sich später herausstellte, war er zu diesem Zeitpunkt fest liiert. Mein Bauchgefühl hatte nicht gelogen, doch ich brauchte noch einigen Herzschmerz, um das zu erkennen.

Zwischendurch ging ich eine kurze Beziehung mit einem Mann ein, um mich von Karl abzulenken. Wieder griff das alte Muster: Auch hier fing alles superschön an. Er war der typische Macho und dominierte mich schon nach kürzester Zeit. Eines Tages, es war Silvester und wir feierten ausgelassen auf der Tanzfläche unseres Lieblingsclubs, machte er mir plötzlich eine Hollywoodreife Liebeserklärung vor versammelter Menschenmenge. Ich war so glücklich, denn das neue Jahr hätte nicht schöner beginnen können. Zwar beschlich mich durchgängig ein komisches Gefühl in der Magengegend, doch das überhörte ich gekonnt. Ich wähnte mich am Ziel meiner Träume, um schon am nächsten Tag den nächsten Schlag ins Gesicht zu bekommen. Auch er war ein Lügner wie er im Buche steht. Er offenbarte mir mit einer eiskalten Selbstverständlichkeit, dass es noch eine andere Frau in seinem Leben gäbe und ich jedoch schön lieb und gefügig sein solle, da er Videomaterial unserer nächtlichen Liebeleien hätte. Davon hatte ich nichts mitbekommen und ich entwickelte das Gefühl, nun völlig durchzudrehen. Für mich war es damit gelaufen. Gott sei Dank ließ ich mich nicht auf diese Erpressung ein, sondern blockierte ihn auf sämtlichen Kanälen.

Nur noch einmal

Am Ende meiner Kräfte landete ich wieder in Karls Armen, doch unsere Dynamik hatte sich nicht verändert. Er nahm sich das, was er brauchte, ohne Rücksicht auf Verluste. Ich war so müde von all den Kämpfen um Liebe, doch loslassen konnte weder ich ihn noch er mich. So blieb alles beim Alten. Wir stritten uns, um unsere Versöhnung dann im Liebesakt zu feiern. Mir setzte es enorm zu, nicht von ihm loszukommen. So sehr ich es mir auch vornahm, es funktionierte einfach nicht.

Den Höhepunkt unserer ungesunden Verbindung erreichten wir, als ich wieder einmal nachts losfuhr, nachdem er mir schrieb, dass er mich sehen wollte. Ich konnte es kaum erwarten, ihn endlich wieder in die Arme zu nehmen. Kaum, dass ich bei ihm ankam, heulte er sich zum wiederholten Male bei mir aus, wie schlecht es ihm ginge.
Sein Leben überforderte ihn und überhaupt fühlte er sich als Opfer seiner Ex-Frau, die ihm laut seinen Erzählungen das Leben zur Hölle machte. Wie immer kümmerte ich mich aufopfernd und liebevoll um ihn, doch nach meinem Befinden erkundigte er sich nie. Inzwischen konnte ich das zumindest deutlich wahrnehmen, auch wenn ich es nicht ansprach und stattdessen meinen Mund hielt.

Mal wieder befriedigte nur ich seine Bedürfnisse. Dann verbrachten wir eine unvergessliche Nacht miteinander.

Eng umschlungen lagen wir im Bett und konnten durch das Fenster den Sonnenaufgang beobachten. Es war Romantik pur und es hätte nicht schöner sein können. Ich nahm meinen ganzen Mut zusammen und flüsterte in sein Ohr, wie sehr ich ihn liebe. Anstatt meine Worte zu erwidern, kam nur: „Ich kann das alles nicht“, aus seinem Mund.

Ich war so tief verletzt nach all unserer Zweisamkeit und meiner Aufopferung für sein besseres Leben. Ich hätte ihm die Welt zu Füßen gelegt und trotzdem reichte es niemals für eine Beziehung aus. Ich weinte bitterlich, zog mich an und verließ völlig aufgelöst seine Wohnung. Wie ich es geschafft habe nach Hause zu kommen kann ich nicht mehr wirklich sagen, denn ich war total neben der Spur. Voller Wut und Verzweiflung blockierte ich alle Kanäle, über die wir zuvor miteinander kommuniziert hatten, denn es musste endlich ein Ende haben.

Die Trennung, die ja im Grunde genommen keine war, da wir nichts Verbindliches miteinander hatten, setzte mir ordentlich zu. Immer wieder stellte ich mir die Frage, was mit mir nicht in Ordnung war, da ich keinen Mann fest an mich binden konnte. Da waren sie wieder: meine Dämonen, die mich aufsuchten, wenn es mal wieder nicht mit einem Mann funktionierte.

Auch wenn der Schmerz unerträglich war, begann sich innerlich etwas in mir zu verändern. Ich war nämlich nicht eine Sekunde länger bereit, mich wie den letzten Dreck behandeln zu lassen. In der Google-Leiste gab ich on/off Beziehungen ein und das Thema Narzissmus ließ nicht lange auf sich warten. Stundenlang las ich mir Blogartikel zu diesem Thema durch. Und so bekam das Problem zum ersten Mal einen Namen. Mir fiel ein, dass mein Psychologe das Thema bereits in meiner Therapie angesprochen hatte und dass es eine Verbindung zu meinen vergangenen Beziehungen gab. Die Dynamik zwischen Karl und mir erinnerte mich an die Erlebnisse und Erfahrungen mit Carlos.

Jede freie Minute verbrachte ich nun damit, Narzissmus zu verstehen. In den Beschreibungen fand ich Karl wieder. Er manipulierte mich nicht offensichtlich, sondern eher verdeckt, subtil und mit einer Finesse, die für mich nicht durchschaubar war. Zumindest bediente er alle Punkte, die auf einen verdeckten Narzissten zurückzuführen waren. Zum damaligen Zeitpunkt war es eine Erleichterung für mich, einen Verantwortlichen für unser Dilemma gefunden zu haben. Sein Narzissmus war daran schuld, dass unsere Beziehung oder doch unser unverbindliches Miteinander nicht funktionieren konnte.

Ich wollte mir beweisen, dass ich auch ohne ihn leben konnte und hatte Sex mit anderen Männern, da ich mir erhoffte, so über Karl hinwegzukommen. Ein Irrglaube, denn egal wen ich datete und mit wem ich schlief, meine Gedanken waren weiterhin bei ihm und ich fühlte mich nicht gut mit all den wechselnden Geschlechtspartnern, die mich wie Fleisch behandelten. Meine Freundinnen redeten auf

mich ein, ich solle endlich mit der Selbstzerstörung aufhören und mich so unter Wert zu verkaufen. Doch ich konnte nicht. Zu tief saß der Schmerz, ohne Karl sein zu müssen. Auf der einen Seite wollte ich endlich ankommen. Auf der anderen wollte ich mich ablenken und mich nicht mit mir selbst auseinandersetzen müssen.
Mein Wunsch nach Liebe und Geborgenheit war gleichzeitig mein schlimmster Feind, denn ich suchte anscheinend immer wieder auf dem falschen Weg und mit der gleichbleibenden irre geleiteten Einstellung.

Showdown -
Lovebombing

Wochen vergingen und mein Schmerz löste sich nur allmählich auf. Das Thema Narzissmus ließ ich erstmal los und meldete mich stattdessen auf der nächsten Dating-Plattform an. Es dauerte nicht lange, bis mich ein Mann anschrieb, der ganz genau in mein Beuteschema passte. Markante Erscheinung und sehr lässiger Style. Er wirkte auf mich wie der typische Bad Boy mit Dreitagebart.

Wir schrieben eifrig miteinander, doch schon nach kürzester Zeit spürte ich, dass da was nicht stimmte. Alles in mir zog sich immer mehr zusammen. Dieses Gefühl wurde durch das erste Telefonat noch verstärkt. Es war etwas faul, das spürte ich deutlich. Er textete mich eine gefühlte Ewigkeit mit seinen grandiosen Erfolgen zu. Ich war genervt, doch zu feige, das offen und ehrlich anzusprechen.

Wahrscheinlich wäre es besser, den Typen einfach wieder gehen zu lassen. Ich gab ihm jedoch am nächsten Tag noch eine heimliche Chance, doch auch dieses Gespräch war der reinste Flopp.

Mein Entschluss stand fest. Es würde kein weiteres Kennenlernen für uns geben. Genau diese Entscheidung teilte ich ihm dann am nächsten Tag mit. Es schien ihn jedoch nicht abzuschrecken, sondern zu reizen. Denn genau jetzt legte er einen inneren Schalter um und versuchte, mich zu erobern. Es sollte die Einleitung meines nächsten Albtraums sein.

Alex, so sein Name, gab nun Vollgas. Im Sekundentakt flogen mir per WhatsApp-Herzchen zu mit den Worten, wie glücklich er sei mich kennenlernen zu dürfen. Es folgten Komplimente und liebevolle Worte. Er umschwirrte und verehrte mich, was meine tiefsten Wünsche und Sehnsüchte ansprach. Konnte er mich etwa sehen? Konnte er mir mein sehnsüchtigstes Bedürfnis nach Anerkennung und Liebe erfüllen? Konnte er spüren, dass ich ihn glücklich machen würde?

Allmählich begann ich mich zu öffnen, was mir jedoch später zum Verhängnis werden sollte. Ich versuchte es etwas langsamer anzugehen als mit Karl oder den Männern, mit denen ich zuvor eine Beziehung geführt hatte. Alex war trotzdem sehr schnell und sehr präsent in meinem Leben. Wenn wir nicht schrieben, telefonierten wir, bis schließlich unser erstes echtes Treffen anstand.

Ich war ziemlich aufgeregt, denn ich wollte auf keinen Fall ein weiteres Sexabenteuer sein. Als ich ihn dann sah, war ich einfach nur begeistert. Er sah so gut aus, war voll mein Typ und passte auch live in mein Beuteschema. Es erging ihm ähnlich, denn seine Blicke trafen ununterbrochen auf meine. Auch an diesem Abend sprach er nur von sich, doch es störte mich nicht, denn so konnte ich ihn ungeniert anhimmeln. Oh ja, das tat ich und es war erneut Liebe auf den ersten Blick.

Unser Date war wunderschön und sollte durch einen romantischen Moment unvergesslich werden. Es war ein lauer Frühsommerabend und die Sonne ging gerade unter, als Alex mich in den Arm nahm.

Ich zitterte vor Aufregung und von meiner Coolness war nichts mehr übrig.

Die Funken sprühten zwischen uns und rundeten unser Date ab. Wir schauten uns noch einmal tief in die Augen, küssen wollte ich ihn noch nicht. Kaum, dass ich mit dem Auto davonfuhr, ploppte schon die erste Nachricht auf. „Ich hätte dich gerne geküsst", waren seine Worte und ich bestätigte diese. Oh mein Gott, was war das? Wann hatte ich das letzte Mal solche Schmetterlinge im Bauch gespürt? Gleich nach dem Aufstehen schrieben wir weiter und es war so, als würden wir uns schon ewig kennen.

Sobald ich abends kinderfrei war, fuhr ich zu ihm. Unsere Sehnsucht war kaum auszuhalten. Wir verhielten uns wie zwei verliebte Teenager und dateten uns mehrmals die Woche. Die sexuelle

Anziehungskraft wirkte so magnetisch, dass wir uns sehr schnell die Klamotten vom Leib rissen. Nach zwei Wochen nahm ich meinen ganzen Mut zusammen und fragte ihn, was das zwischen uns sei. Ich hatte ja zuvor nicht die allerbesten Erfahrungen gemacht und eine wahnsinnige Angst, auch jetzt wieder ein Sexabenteuer zu sein. Aus einer Selbstverständlichkeit heraus, antwortete er: „Baby, ist doch wohl völlig klar, dass du zu mir gehörst!". Ich liebte es so sehr, wenn er mich sein Baby nannte. Die nächsten Wochen vergingen ähnlich und waren einfach nur traumhaft schön.

Noch niemals zuvor hatte ich mich so begehrenswert gefühlt, wie bei diesem Mann. Er trug mich auf Händen und der Sex war unglaublich zwischen uns. Auch in dieser Beziehung übersprangen wir wichtige Phasen, die zu einem Kennenlernen einfach dazu gehörten. So ist es ein typisches Zeichen von toxischen Beziehungen, dass Stadien des Begegnens, Kennenlernens und Vertrauenfassens übersprungen werden. Man hat zu Beginn das Gefühl, einen Seelenverwandten zu treffen, ist schockverliebt und redet nach kürzester Zeit von Heirat, gemeinsamer Wohnung und Familiengründung. Auch das Umfeld, wie Familie und Freunde, wird sofort involviert. Dieser einnehmende übermächtige Sog verschlang mich mit Haut und Haaren, ohne dass ich eine Chance gehabt hätte, mich dagegen wehren zu können.

Nach ein paar Wochen buchten wir unseren ersten gemeinsamen Urlaub, der ein paar Monate später stattfinden sollte. Meiner Familie und meinen Freunden stellte ich Alex nach sehr kurzer Zeit vor und umgedreht, denn es war einfach perfekt zwischen uns. Ich fragte mich, ob ich jemals so glücklich gewesen war. Ich glaube nicht.

Karl hatte ich inzwischen auch endlich aus meinem Kopf bekommen und so gab es nur noch Alex und mich.

Destabilisierung und Schwächung mit Unterwerfung

Unser Glück hielt ungefähr fünf Wochen, bis die ersten Hiebe seinerseits ausgeteilt wurden. Sein Ton wurde rauer und war bei weitem nicht mehr so liebevoll, wie ich es bisher von ihm gewohnt war. „Halt deine Schnauze", hörte ich nun immer öfter aus seinem Mund. Auch seine Komplimente ließen nach und stattdessen kamen die ersten Sticheleien. Auf einmal war es der Pickel, der störte und auch mein Klamottenstil wurde kritisiert. Ich spürte meine Unsicherheit, denn von seiner Traumfrau, die ich bisher war, sollte ich nun meilenweit entfernt sein. Nun ging es los, dass ich mich selbst sehr kritisch im Spiegel beäugte. Saß die Frisur? Trug mein Shirt zu sehr auf? Ob ihm dieses Kleid wohl gefallen würde? Ohne es sofort zu bemerken, wurde ich zu einer Marionette, die er perfekt in Szene setzte. Nun schenkte er mir wieder seine Aufmerksamkeit und Nähe und ich hatte das Gefühl, meine Mühe hätte sich gelohnt. Sexuell nahm er sich das, was er wollte und ich spielte die Rolle der Untergebenen perfekt mit.

In dieser Phase lief es noch ganz gut zwischen uns. Ich war jedoch etwas irritiert von meinem Verhalten, da ich ihm zuliebe Dinge tat, die mir nicht wirklich entsprachen. Diese Gedanken schüttelte ich schnell ab. Meine Bemühungen, ihm zu gefallen, sollten nicht unbeantwortet bleiben. Wir erlebten einen wunderschönen Sonntag zusammen und machten es uns so richtig gemütlich. Es war alles dabei: Leidenschaftlicher Sex, gemeinsames Kochen und tiefgründige Gespräche. Es entstand eine wunderschöne Intimität zwischen uns. Wir aßen gerade zu Mittag, als Alex seinen Teller beiseiteschob, meinen Kopf in seine Hände nahm und zuerst meine Stirn küsste, um mir dann einen unvergesslichen Kuss zu geben. Oh mein Gott, ich war Butter in seinen Händen. Er sprach davon, wie glücklich er mit mir sei und er keine andere Frau so sehr geliebt hätte, wie mich.

„Schatz, ich möchte, dass wir zusammenziehen und du dann meine Frau wirst! Willst du?", fragte er zum krönenden Abschluss. Natürlich wollte ich seine Frau werden und beantwortete seine Frage mit einem überglücklichen Ja. Zu diesem Zeitpunkt waren wir ungefähr sieben oder acht Wochen zusammen. Der absolute Wahnsinn, doch die Gefahr dahinter hatte ich zu diesem Zeitpunkt nicht erkannt.

Dieses nahe Zusammensein sollte jedoch nur eine Momentaufnahme bleiben, denn schon ein paar Tage später änderte sich seine Stimmung rapide. Zuerst blieben die Nachrichten aus und unsere Treffen wurden abgesagt. Ich versuchte Ausreden für sein Verhalten zu finden oder machte mich selbst dafür verantwortlich. Vielleicht machte er gerade eine anstrengende Zeit durch? Vielleicht hatte ich etwas Falsches gesagt oder getan?

Mein größter Wunsch war, ihn wieder glücklich zu sehen und uns beide erneut auf Wolke sieben. Daher fuhr ich zu ihm und kochte sein Lieblingsessen. Er blieb jedoch weiterhin abweisend und grummelte vor sich hin, dass er genervt von mir wäre. So ging ich ohne ein weiteres Wort ins Bett. Ich wollte keine Diskussion anfangen und war einfach nur traurig. In dem Moment legte er sich zu mir. Ich kuschelte mich in seine Arme. Da entschuldigte er sich für sein eiskaltes Verhalten mir gegenüber und versicherte mir, dass das so nicht noch einmal vorkommen würde. Seine Worte wirkten und beruhigten mich.

Engumschlungen philosophierten wir über das Leben und ich hatte irgendwie das Gefühl, mich öffnen zu können. Ich berichtete über die traumatischen Erlebnisse in meiner Kindheit. Mit zittriger Stimme öffnete ich Tore in eine Vergangenheit, die mir zu dem Zeitpunkt immer noch unbearbeitet und verdrängt so schwer auf der Seele lastete. Ich hatte das Gefühl, Alex würde mir geduldig zuhören. Doch was er dann darauf sagte, verletzte mich zutiefst: „So, jetzt hast du eine ganze Weile gelabert und in der Zeit hätten wir auch vögeln können!".

Ich stand unter Schock und konnte kein Wort mehr herausbringen. Hatte er das wirklich gerade gesagt? Völlig verwirrt drehte ich mich von ihm weg und schluchzte in mein Kissen. Anstatt mich zu trösten, feuerte er weitere verletzende Worte gegen mich. Er behauptete anmaßend, dass meine Reaktion maßlos übertrieben wäre und ich mich nicht so anstellen soll. Er war so eiskalt und ich verstand die Welt nicht mehr.

In den darauffolgenden Wochen gab es für mich mal das Zuckerbrot und mal die Peitsche. Er konnte so liebevoll und aufmerksam sein, doch im nächsten Augenblick wechselte seine Stimmungslage und er wurde unberechenbar und verletzend. Ein Wechselspiel, das tiefe Spuren hinterließ. Schon lange machte ich mein Wohlbefinden davon abhängig, wie es Alex ging und wieviel Liebe und Aufmerksamkeit er mir schenkte. So war es nicht verwunderlich, dass ich alles Menschenmögliche tat, um ihn glücklich zu machen. Aus heutiger Sicht weiß ich, dass in dieser Beziehung von meiner Seite aus eine so genannte Co-Abhängigkeit gelebt wurde.

Hinzu kam eine tiefe Unsicherheit meinerseits, die seinen Launen und meiner Unsicherheit über seine Aktivitäten, wenn wir nicht zusammen waren, geschuldet war. In den Zeiten, in denen ich mit ihm zusammen war, spürte ich Erleichterung. Sobald jedoch jeder seinem eigenen Leben nachging, überkam mich Unruhe und eine tiefe Traurigkeit. Ohne ihn war mein Leben nur halb so schön, denn durch seine Anwesenheit und Aufmerksamkeit fühlte ich mich erst lebendig. Ich war abhängig und süchtig.

Diesen einen Abend werde ich wohl nie vergessen: Es gab ordentlich Alkohol und wir hörten Musik, zu der ich gekonnt meine Hüften schwingen ließ. Das heizte Alex wohl richtig ein, denn er nahm sich das, was er wollte. Er zog mich an sich und führte mich in einen Nebenraum. Was sich dort abspielte, werde ich niemals mehr aus meinen Gedanken bekommen. Er erniedrigte mich und lebte seine aggressiven Perversionen an mir aus. Außerdem verletzte er mich mit Worten und Taten, unterwarf mich und nahm mir damit das letzte bisschen Selbstachtung. Nicht nur mein Körper, auch meine Seele wurden an diesem Abend so beschädigt, erniedrigt und beschmutzt, dass ich mich zutiefst vor ihm und mir schämte.

Doch auch nach diesem Akt spielte ich noch die glückliche Frau an seiner Seite. Diese Person gab es jedoch schon lange nicht mehr. Wieder einmal wurde mir bewusst, dass ich nicht in der Lage war Grenzen zu ziehen und das erschütterte und nervte mich so sehr. Am liebsten wäre ich vor mir selbst geflüchtet, was natürlich leider nicht geht.

Es tauchten weitere Probleme auf. Statt Aussicht auf Verbesserung spitzten sich die Situationen immer öfter zu. Die einst so große Liebe bestand nur noch aus Eiseskälte und Sex, dessen Spielregeln er jedoch bestimmte. Sprach ich unsere Probleme an, lachte er mich nur aus. Er betonte, wie glücklich ich mich schätzen könnte, dass er mich so sehr liebt, denn sonst wäre er schon lange weg. Ich verstand die Welt nicht mehr und mein Selbstwert sank immer mehr ins Bodenlose. Aus der einst so fröhlichen Frau wurde eine zutiefst verletzte Seele. Ich litt unter meinen Gefühlen und Gedanken und zusätzlich an dem Unverständnis meines Partners.

Dadurch, dass wir regelmäßig auch gute Beziehungsphasen hatten, die aber immer wieder durch Distanz und Abwertung abgewechselt wurden, kam ich aus der Spirale der Abhängigkeit zu ihm nicht mehr raus. Emotional fühlte ich mich zermürbt. Ich war nicht mehr in der Lage zu unterscheiden, was real war und was nicht. Ich war mir nicht sicher, ob er nicht doch recht hatte mit all den Beleidigungen, die er zu mir sagte. Ich zweifelte an meinem eigenen Verstand und fühlte mich oft, als ob ich nicht mehr normal wäre. Doch ich konnte nicht mehr ohne ihn. Er war wie eine Droge, auf deren Rausch ich unmöglich verzichten wollte.

Rationale Erklärungen für mein Verhalten und warum ich blieb, konnte ich weder für mich noch für meine Freunde finden. Diese machten sich zunehmend Sorgen um mich, denn zu diesem Zeitpunkt gab es die alte Martina nicht mehr. Die zu Beginn gemachten Versprechungen von Zusammenziehen und Heirat gab es nicht mehr. Sie lösten sich wie vom Winde verweht auf.

Gab es doch mal Sex, wurde ich davon nicht mehr satt. Immer, wenn ich dachte, ich sei ihm wirklich nahe, verwandelte sich seine Nähe sehr schnell in eiskalte Unnahbarkeit. Die Beziehung zu Alex bestimmte von nun an mein gesamtes Leben. Es gab für mich kein anderes Gesprächsthema mehr, ob mit Freunden oder meiner erwachsenen Tochter. Meine Tage hielt ich mir frei, um immer auf Abruf bereit zu stehen. Ich wollte Zeit mit ihm verbringen. Da er mittlerweile vorgab, wann, wo und wie oft wir uns sehen würden, richtete ich meinen gesamten Lebensplan danach aus. Ich war dauerhaft für ihn verfügbar und er bestimmte, wann er meine Anwesenheit wünschte und wann nicht.

Ich vernachlässigte mein gesamtes Umfeld. Je länger ich mit Alex zusammen war, umso mehr drehte sich alles nur noch um ihn und meine Beziehung. Mein Investment in uns war grenzenlos, was seinerseits je nach Bedarf gerne angenommen wurde.

Wollte ich mit ihm jedoch über meine Bedürfnisse und Probleme sprechen, reagierte er mit Desinteresse und Schweigen, als würde ich nicht existieren. Wurde mein Ton rauer, nahm er seine Sachen und verließ die Wohnung. Tagelang ließ er dann nichts von sich hören.

Obwohl er durchgängig online war und meine Nachrichten las, erhielt ich keine Antworten.

Mittlerweile hinterließ der Missbrauch auch körperliche Spuren. Nachts konnte ich nicht mehr schlafen und bekam eine Blasenentzündung nach der anderen. Essen konnte ich auch nichts mehr, denn mittlerweile litt ich unter einer schlimmen Gastritis und jede Nahrungsaufnahme bereitete mir große Schmerzen. Anstatt Pflege erhielt ich massive Abwertungen, was mich zusätzlich schwächte. Ich flehte ihn an damit aufzuhören, doch ein Ende war nicht in Sicht.

Der Abschuss steht unmittelbar bevor

Die Hochphasen waren so gut wie vorbei. Wenn ich mich beispielsweise verweigerte, mit ihm unter der Dusche Sex zu haben, schrie er mich an und tauchte wieder für mehrere Tage unter. Die Zeit war unerträglich für mich, denn ich wusste nie, ob ich ihn nochmal wiedersehen würde.

Außerdem gab es da diese eine gute Freundin in seinem Leben. Für diese Frau schien er pausenlos da zu sein und selbstverständlich und mit größter Freude, um mich zu verletzen, ließ er mich immer wieder an deren Wichtigkeit in seinem Leben teilnehmen. Eiskalt schürte er so meine Eifersucht. Seine Bettwäsche wechselte er nun regelmäßig und demonstrativ ließ er auch den Kaffeebecher mit ihrem Lippenstift stehen. Mich beschlich die ganze Zeit ein komisches Gefühl und ich war mir sicher, dass sie etwas miteinander hatten. Sex hatten wir zu diesem Zeitpunkt schon lange nicht mehr. Er distanzierte sich immer weiter von mir und eine Trennung stand seinerseits bereits im Raum.

Ich hatte so eine wahnsinnig große Angst davor, ihn zu verlieren. Gleichzeitig arbeiteten meine bekannten Schuldgefühle in mir. In meinem Kosmos war ich ja dafür verantwortlich, ihm nicht zu genügen und ihn nicht glücklich machen zu können. All das lähmte mich, ließ mich keinen klaren Gedanken fassen und verkleinerte meinen Handlungsspielraum auf Postkartengröße. Immerzu hörte ich die Worte: „Du bist schuld, dass wir nicht glücklich sein können." aus seinem Mund. Ich sei zu empfindlich, zu eifersüchtig und überhaupt würde ich ihm die Luft zum Atmen nehmen. Oh mein Gott, was war ich bloß für ein furchtbarer Mensch. Ich glaubte inzwischen selbst daran. Er hatte wohl recht mit seinen Aussagen, denn meine vorherigen Partner hatten genau die gleichen Formulierungen benutzt.

Zu diesem Zeitpunkt traute ich mich nicht mehr, auch nur irgendein Foto auf Facebook hochzuladen. Alex räumte sich selbst nicht nur die größten Freiheiten ein, sondern beschnitt meine auf ein Minimum. Ich und alle meine Aktivitäten wurden arglistig kontrolliert. Jeder Mann, der mir auf den Sozialen Medien ein Herz gab, war gleichzeitig ein neuer Stecher. Ich rechtfertigte mich, doch es half alles nichts. War ich doch mal mit Freundinnen unterwegs, wurden die Treffen durch Nachrichten oder Anrufe unterbrochen.

Es war eine Abwärtsspirale, gegen die ich mich machtlos fühlte und nichts mehr unternehmen konnte.

Wir hatten einen neuen Tiefpunkt in unserer Beziehung erreicht, denn inzwischen drohte er damit, mir seine Jungs, so nannte er seine Männertruppe, auf den Hals zu schicken. Eingeschüchtert und ohne Perspektive rief ich mal wieder meine beste Freundin Karla an. Sie war fassungslos und wütend zugleich, denn in meinem Umfeld mimte er den Saubermann. Dadurch, dass sie all die Jahre meiner Beziehungen miterlebt hatte, riet sie mir erneut zur Trennung.

Es sollte nicht mehr lange dauern. Unser Urlaub stand an, den wir kurz nach unserem Zusammenkommen gebucht hatten. Freude verspürte ich keine mehr. Schon auf dem Weg zum Flughafen merkte ich deutlich, wie angespannt Alex war. Ich war innerlich so leer, funktionierte nur noch und wollte die gemeinsamen Ferien einfach nur noch hinter mich bringen.

Angekommen auf dieser wunderschönen Urlaubsinsel, ging der Psychoterror gleich weiter. Er hatte an allem etwas auszusetzen und konnte es nicht lassen, mir jedes Fleckchen, das er mit irgendeiner Ex-Freundin schon besucht hatte, zu zeigen.

Innerlich kochte ich vor Wut, doch äußerlich blieb ich ruhig und lächelte stattdessen meine Verletzungen weg.

Zwischendurch schrieb er irgendwelche Nachrichten auf seinem Smartphone, worin unzählige Herzchen zu sehen waren. Das konnte ich nur erkennen, weil ich schon seit Wochen sehr misstrauisch war und einen Blick auf das Display erhaschen konnte. Ich war fassungslos und konnte kaum noch innehalten. Wir waren emotional so weit voneinander entfernt, dass ich meine Augen vor einer Trennung nicht länger verschließen konnte. Der freie Fall stand unmittelbar bevor.

An einem der schönsten Orte der Welt sollten die Abwertungen ihren Höhepunkt erreichen. In einer Menschenmenge nahm er meine Wangen in seine Finger und zupfte an ihnen. Lautstark demonstrierte er, dass ich dringend ein Facelift nötig hätte und sowieso ein einziger Fehler wäre. Sein hämisches Lachen war unüberhörbar. Ich fühlte mich so erniedrigt, doch gleichzeitig war das mein Weckruf.

Zum Glück stand am nächsten Tag die Abreise an. Zu keiner Sekunde hatte ich den Urlaub genießen können. Ich wollte nur noch nach Hause. Mein Gefühlszustand veränderte sich. Von dieser inneren Leere wechselte sie zu einer fast unkontrollierbaren Wut.

Nach der Ankunft wollte ich ihn so schnell wie möglich zu Hause abliefern, um das Geschehene in Ruhe verarbeiten zu können. Das wir bis zum nächsten Tag keinen Kontakt hatten, störte mich nicht, denn tatsächlich hatte sich irgendetwas in mir verändert. Ausgemacht hatten wir schon vorher, dass er den nächsten Abend zu mir kommen würde. So erledigte ich die Dinge, die für den Tag anstanden. Er saß schon im Wohnzimmer, als ich zur Tür hereinkam und statt einer liebevollen Begrüßung gab es einen eiskalten Blick seinerseits.

Ich blieb relativ unbeteiligt und cool, auch als er mir von einem Treffen mit der besagten Freundin berichtete und weiteres wirres Zeug erzählte, dessen Inhalt und Zusammenhänge ich nicht verstand. Er hatte ihr bereits seit mehreren Wochen bei den unterschiedlichsten Dingen geholfen, während ich so um seine Aufmerksamkeit gebuhlt und gebettelt hatte. Ich reagierte jedoch nicht auf seine Eifersuchtsversuche, was ihn sichtlich störte und dazu veranlasste, seine Manipulationsversuche zu verstärken. So mimte er auf einmal den Ahnungslosen, als ihm der Name meiner Tochter nicht mehr einfiel, die gerade zu Besuch war und sich in ein Nebenzimmer zurückgezogen hatte.

Eine total verdrehte Welt wurde immer sichtbarer. Selbst meinen Facebook-Account wollte er mit seinen Informationen, die er auf meiner Seite angeblich gefunden hatte, abgleichen. Mein neues Verhalten machte ihn sichtlich unruhig und seinen daraus resultierenden aggressiven Unterton konnte ich deutlich wahrnehmen. Ich wusste in dem Moment, dass unsere Beziehung keine Chance mehr hatte.

Nachdem wir mit dem Abendessen fertig waren, verbrachte ich noch Zeit mit meiner Tochter. In der Zeit schlief Alex seelenruhig auf meiner Couch ein. Nachdem wir dann alleine waren, legte ich mich zu ihm. Ich spürte meinen Herzschlag ganz deutlich. Unruhe breitete sich in mir aus, während ich ihm beim Schlafen zusah. So friedlich und sanft hatte ich ihn schon lange nicht mehr wahrgenommen.

Doch all das spielte nun keine Rolle mehr. In diesen Stunden liefen die letzten fünf Monate vor meinem inneren Auge ab. Länger hatte der Horrortrip Gott sei Dank nicht gedauert. Ein gewaltiger Berg an Gefühlen überrumpelte mich. Von diesen war es letztendlich meine Wut, die die Oberhand gewann und mein Fass zum Überlaufen brachte. Ganz ruhig wartete ich.

Alex öffnete nach ein paar Stunden die Augen und war sichtlich irritiert, als ich mit fester und klarer Stimme sagte, dass er mir sofort meine Schlüssel aushändigen soll. Ich wusste, dass es nun eskalieren würde. Er sprang auf und schrie, ich soll hier bloß keinen Stress schieben. Das war mein Moment, denn nun schrie ich das erste Mal zurück. Mit dieser Reaktion hatte er nicht gerechnet.

Das Adrenalin schoss mir in die Adern, denn ich hatte trotz meines Mutes und der inneren Sicherheit, das Richtige zu tun, eine wahnsinnige Angst.

Innerhalb weniger Minuten packte er all seine Sachen, die er noch bei mir hatte. Ich warf ihm seine Schlüssel zu. Ich schrie, dass es vorbei sei und ich es nicht eine Sekunde länger zulassen würde, wie asozial er sich mir gegenüber verhält: „Raus, raus, raus!".

Es konnte mir nicht schnell genug gehen, denn ich war nur noch angewidert und zutiefst verletzt. All die Schmerzen und Wunden der Vergangenheit gaben mir die Kraft, das so durchzuziehen. Ich stand für mich ein. So schnell er konnte, fuhr er von meinem Hof und ich vergewisserte mich, dass er wirklich weg war. Als die Dunkelheit der Nacht schließlich die Rücklichter seines Autos verschlang, wusste ich, dass es endgültig vorbei war

Meine Gedanken

Wann beginnt mein wahres Leben?

Tief erschüttert und vom Missbrauch gezeichnet, rief ich unmittelbar nach dem Rausschmiss meine beste Freundin Karla an. Sie hörte mir geduldig zu und war dennoch erleichtert, dass mein Drama nun ein Ende hatte. Mir war so unfassbar kalt, dass meine Stimme zitterte und somit beendete ich erstmal das Telefonat. Plötzlich überkam mich eine Übelkeit und ich lief ins Bad, um mich zu übergeben. Ich klammerte mich an der Toilettenschüssel fest und begann zu weinen. Meine Haare hingen in dicken Strähnen nass in mein Gesicht. Gleichzeitig fror ich und zitterte wie Espenlaub. Ich war nun am Ende meiner Kräfte und die Verzweiflung, die mich überkam, wenn ich an mein zerrüttetes Leben dachte, ließ mich einen Moment einfach nur so verharren, ohne dass ich mich bewegte oder dachte.

Ich saß einfach nur da. Fix und fertig. Erledigt. Unfähig, etwas anderes zu tun, als zu weinen, zu zittern und zu frieren.

Nach einer gewissen Zeit schaffte ich es aufzustehen. Tränenüberströmt stand ich nackt vor dem Badezimmerspiegel und konnte meinen Anblick nicht ertragen. Mein Körper, der so viel hatte ertragen müssen. Ich sah all die sichtbaren und unsichtbaren Narben, fühlte mich durchgeschüttelt, gepeinigt, gequält und geschunden. Ich fühle mich, als hätte ich jahrelang als Sklave auf einer Galeere gearbeitet. Ich stieg in die Badewanne und ließ das heiße Wasser über meinen Körper laufen. Doch nicht nur mein Körper hatte gelitten, auch meine Seele fühlte sich schwer missbraucht. Wie ein

Häufchen Elend umfasste ich meinen Körper und versuchte mich mit Seife und Wasser reinzuwaschen. Es half nichts. Es fühlte sich alles so taub an. Tief in meinem Inneren und auch jeder Zentimeter meines Körpers. Mit letzter Kraft erreichte ich mein Bett und stellte mir die Frage, wie ich in der Lage sein würde mein Leben weiterzuleben?

Zu diesem Zeitpunkt glaubte ich noch nicht an Gott oder ein universelles Erfahrungsfeld. Warum auch? Schließlich hätte ein liebender Gott es doch nicht zugelassen, dass ich so schlimm missbraucht würde.

Als ich diesen neuen Tiefpunkt erreicht hatte, fühlte es sich an, als würde ich sterben. Aus heutiger Sicht weiß ich, dass sterben auch etwas Positives beinhaltet, denn nur durch den Abschied und das Trennen von etwas Altem wird Raum für Neues frei. Aber in diesem Moment litt ich wie ein gequältes Tier und hatte keine Idee, wie es mit mir und meiner Existenz weitergehen könnte.

Erst nach Wochen der Trennung fasste ich den bedeutendsten Entschluss meines Lebens: Ich wollte mich meiner Vergangenheit, meiner Geschichte und meinen Abgründen stellen. Vorher war ich dazu nicht in der Lage, denn ich benötigte meine ganze Energie, um mich ins Leben zurückzukämpfen. Aus purer Verzweiflung kniete ich mich morgens und am Abend vor mein Bett und betete zu Gott. Ich bat ihn mir zu helfen, meinen Schmerz zu überwinden.

Es war so verdammt hart, mit all den aufkommenden Emotionen fertig zu werden. Zu dem Zeitpunkt hätte ich am liebsten die gesamte Menschheit vor Alex gewarnt, doch zum Glück war das nur eine Momentaufnahme. Denn letztendlich hatte es ja einen Grund, warum seine narzisstischen Spielchen, seine Manipulationen und der ganze Umgang mit mir auf fruchtbaren Boden fallen konnte.

Während mein Körper zu heilen begann, erholte sich meine Seele nur sehr langsam. Ich befürchtete, dass mein Leiden und die damit einhergehenden Schmerzen niemals mehr vergehen würden. Seit meiner Kindheit erlebte ich Missbrauch in jeder erdenklichen Form und die immer wiederkehrenden Selbstvorwürfe konnten meiner Genesung keine Abhilfe verschaffen. Es ist so, dass sich das Missbrauchsopfer durch das Geschehene und die Vorwürfe des Täters meistens selbst für die an ihm verübten Taten verantwortlich macht. Statt sich zu wehren und zu verteidigen, geht es in die Defensive. Ich wünschte mir doch so sehr geliebt zu werden und fand mich stattdessen immer wieder in toxischen Beziehungen oder in Verbindungen, in denen es ausschließlich um Sex ging.

Zu diesem Zeitpunkt glaubte ich daran, dass ich für mehr einfach nicht gut genug war.

Das wahre Leben beginnt da, wo die Angst endet

Ich konnte mich selbst nicht mehr ertragen, denn ich ertrank förmlich in Selbstmitleid. Diesen Zustand wollte ich nicht länger hinnehmen und zog Bilanz meiner letzten 15 Jahre. Für mehr war ich noch nicht bereit, aber es war auf jeden Fall ein Anfang.

Fakt war, dass ich aus falschen Gründen mit Männern Sex hatte. Meine Dramen wiederholten sich in einer Endlosschleife, das konnte ich sehr klar erkennen. All die Männer, die ich nach meiner Ehe in mein Leben ließ, distanzierten sich emotional sehr schnell von mir.

Warum in aller Hergottsnamen ließ ich es zu, dass Männer mich abwerteten, demütigten und mir sogar körperliche Gewalt antaten? Ein riesengroßes Fragezeichen, auf das es noch keine Antworten gab. In mir machte sich eine Gewissheit breit, dass es irgendwo den Schlüssel geben musste, der mir all die Türen öffnete, damit ich endlich die Lösungen und Antworten finden könnte.

Zu diesem Zeitpunkt erschien auf Facebook immer wieder das Zitat: „Mut ist Angst plus ein Schritt." Ich deutete es für mich als Zeichen und verstand, dass es nun an der Zeit war, meinen Dämonen in die Augen zu schauen und nicht länger vor ihnen davonzurennen. Der Weg zu meinem wahren Leben – zu meinem wahren Ich, begann in diesem Moment.

2

Kapitel 2:
Der Ausweg -
Raus aus der Opferhaltung

Thesen:

- Aus Sicht des Co-Abhängigen ist der Narzisst der Täter. Nach dem Prozess der Selbstentwicklung löst sich das auf.
- Die Eigenverantwortung befreit Menschen aus der Opferhaltung.
- Menschen jammern lieber, als Veränderung anzustreben.

„Dinge aus der Vergangenheit lassen sich nicht heilen". Menschen mit dieser Haltung haben nicht verstanden, was Selbstreflexion und Akzeptanz bedeuten.

- Co-abhängige Menschen sind genauso manipulierend wie Narzissten.
- Das, was mich an einem Narzissten stört, ist ein ungelöstes Thema in mir.

Zeit für neue Wege -
Raus aus dem Jammer-Opfermodus
& rein in die Eigenverantwortung

Ich hatte keine Ahnung, welcher Schritt nun der nächste sein würde, denn vom Leben und der Liebe hatte ich keinen blassen Schimmer. Für etwas Neues war ich definitiv nicht bereit und somit beschloss ich, eine Männerpause einzulegen. Meine Chance, Antworten auf die Liebesdramen zu finden, würden merklich sinken, wenn ich permanent meiner Droge „Mann“ ausgesetzt wäre. Die absolute Abstinenz ist in diesem Moment enorm wichtig und entscheidend für den Erfolg.

In den nächsten Wochen studierte ich das Thema Narzissmus rauf und runter, um die Zusammenhänge besser verstehen zu können. Doch irgendwie hat mir das nicht gereicht, denn nun wusste ich alles über den Narzissten, doch immer noch nicht, warum ich mich permanent im Herzschmerz wiederfand bzw. warum ich Narzissten anzog und sie mich, wie Motten das Licht.

An meiner Trennung von Alex hatte ich permanent zu knabbern. Die Schmerzen wollten einfach nicht aufhören und zu der tiefen Trauer und Verzweiflung kam dann im Anhang die Wut zum Vorschein. Zum damaligen Zeitpunkt gab ich allen möglichen Leuten die Schuld an meinem verkorksten Leben und die Fesseln meiner Vergangenheit schnürten sich fester und fester um meinen Körper.

Die Vorwürfe gegen all meine Partner wurden sehr laut, doch von meinem Schmerz erlöste es mich nicht.

Ich empfand es als so ungerecht, dass mein Leben komplett an die Wand gefahren war, meine Verflossenen aber so weiterleben konnten, als wäre nichts geschehen. So viel Investment hatte ich in die Beziehungen eingebracht, doch mein Glückskonto blieb leer. Es war zum Haare raufen. Ich fühlte mich vom Leben ungerecht behandelt. Zusätzlich hatte ich es mir in meinem Jammertal komfortabel eingerichtet. Ich kannte mich hier bestens aus.

Doch irgendwie konnten weder ich noch mein Umfeld mich länger in diesem Zustand ertragen. Tagein, tagaus erzählte ich mir in einer Endlosschleife die immer gleiche Bullshit-Story, die von der armen Martina handelte, der vom Leben so übel mitgespielt worden war. Der Tag, an dem ich den Podcast hörte „Das Leben schickt dir so lange dieselbe Lernaufgabe, bis du sie löst", sollte alles verändern.

In diesem wichtigen Moment konnte ich bei weitem noch nicht das gesamte Ausmaß dieser Aussage und was das mit mir zu tun hatte fassen, doch ich verstand etwas sehr Wichtiges: Es blieb zwar dabei, dass mir Furchtbares widerfahren war, doch wurde mir auch schlagartig klar, dass in jeder Situation, an jedem Tatort des Geschehens, bei jeder Demütigung und psychischen Misshandlung eine weitere Person anwesend war, die nichts gegen die Verletzungen unternahm. Ich! Mit dieser Erkenntnis wurde mir bewusst, dass meine Beziehungsdesaster auch in irgendeiner Form etwas mit mir zu tun haben mussten.

Jetzt wurde es sehr unbequem für mich, denn in meiner Opferrolle fühlte ich mich sicher und kannte mich, wie gesagt, bestens aus. War ich schon bereit, Verantwortung zu übernehmen und wenn ja, wofür? So ganz klar war mir das in dem Moment noch nicht. Es war erkennbar, dass ich zu lange in Beziehungen geblieben bin, die mit Leere, Verzweiflung, Abwertungen und Demütigungen mein Leben überschatteten. Ich stand mit diesem Problem nicht alleine da, denn sehr viele Frauen, wie auch Männer, beendeten ihre Beziehungen nicht, obwohl sie erkannten, wie schädlich diese für sie waren.

Eine Stimme in mir hatte mir sehr wohl gesagt, dass ich gehen müsste, doch zu meiner eigenen Bestürzung war ich nicht in der Lage gewesen, auf diese zu hören. Ich hatte immer so gehandelt, als ob die Beziehung mein Gefängnis wäre, in das ich mich selbst einsperrte. Mein Umfeld und auch mein Therapeut wiesen mich immer wieder darauf hin, dass die Türen für mich weit offenstanden, doch irgendetwas hielt mich jedes Mal zurück. Sobald ich mich nur einen Schritt der Schwelle näherte, zog mich so etwas wie ein unsichtbares Gummiband immer wieder in die Beziehung zurück.

Fallbeispiel aus meinem heutigen Coaching-Alltag:

Petra kam zu mir ins Coaching, als sie am Ende ihrer Kräfte war. Fünf Jahre war sie schon mit Tristan zusammen und ihre Beziehung begann wie bei allen toxischen Beziehungen: Sie wurde mit Liebe überschüttet. Anfänglich war Tristan noch romantisch gewesen, doch schon nach kürzester Zeit begann er, sie massiv abzuwerten. Sie durchlief ähnliche Gedankenmuster wie ich, fühlte dieselben

Gefühle und verhielt sich nicht wie eine Frau, die um ihren Wert wusste – also so ähnlich wie du und auch ich es getan haben. Wenn Petra sich klagend an Tristan wendete, wurde das gleich von Anfang an abgetan: *„Du kannst ja gehen, wenn es dir nicht passt!"*.

Obwohl sie mit der Zeit immer trauriger und frustrierter wurde, konnte sie sich jedoch nicht überwinden zu gehen. Die Gedanken an eine Trennung lösten panische Angst in ihr aus. Somit begann eine Abwärtsspirale, die nicht aufzuhalten war. Auch in ihrer Beziehung wurde aus der einst so großen Liebe ein absoluter Albtraum. Tristan verhielt sich Petra gegenüber mehr als respektlos. In der Öffentlichkeit machte er sich über sie lustig, flirtete vor ihren Augen mit anderen Frauen und wenn sie ihre Beobachtungen ansprach, folgten im weiteren Verlauf ihrer Beziehung harte Sanktionen. Tristan redete nie über Probleme, stattdessen schlug er hinter verschlossenen Türen auf Petra ein. Selbst, wenn sie schon am Boden lag, trat er noch einmal nach, um sich zu vergewissern, dass sie nun schweigen würde.

Es brauchte mehrmalige Anläufe und die Flucht ins Frauenhaus, bis sie es schaffte, ihn zu verlassen. Petra erging es genauso, wie uns allen als Betroffene von häuslicher Gewalt und emotionalem Missbrauch. Sie verurteilte sich erst für ihr Scheitern und dann dafür, dass sie nicht schon viel früher gegangen war. Dem Schmerz völlig ausgeliefert zu sein, machte es für sie nicht einfacher. Dass sie den Schlüssel zum inneren Glück schon längst in sich trug, erkannte sie dann im Coaching mit mir.

Für mich war es an der Zeit, den Rückzug anzutreten, um hinter meine Mauern zu schauen, so wie es mir meine Freundinnen schon ewig geraten hatten. Männer, Sex, Alkohol, Social Media, Fernsehen und all das, was mich ansonsten davon abhielt, meinen inneren Dämonen zu begegnen, sagte ich auf unbestimmte Zeit Lebewohl.

Nun wollte ich mich darauf besinnen, was ich wirklich wollte und was nicht. Ich wollte Wege finden, die mich vom ewigen Verharren in der Opferrolle befreiten. Dadurch, dass ich irgendwann in der Lage war, über das Erlebte zu sprechen, bekam ich sehr viel Aufmerksamkeit und Trost geschenkt. In meinen Akutphasen tat das auch gut, doch irgendwann empfand ich es nur noch als belastend und nervig, die mitleidserregenden Blicke und Worte der Außenwelt zu erhalten. Ich beschloss, dass sich nun dringend etwas ändern musste. Ich war längste Zeit meines Lebens Opfer gewesen und ich hatte es so satt, fremdbestimmt durch mein Leben zu gehen. Dieser neu entflammte Wunsch bedeutete, dass ich die Verantwortung für mich und mein inneres Glück nicht länger in fremde Hände legen würde beziehungsweise von jemand anderem abhängig machen würde. Genau das hatte ich in der Vergangenheit getan. Damit sollte ein für alle Mal Schluss sein. Ich würde mich aus den Fängen der Vergangenheit befreien.

Ich erkannte, dass ich in der Opferrolle ohnmächtig und handlungsunfähig war. Hinzu kam, dass mich die Opferperspektive immer wieder gedanklich in die schmerzhaften Situationen führte und mich darin bestätigte, dass der Täter all meine Wut und meinen Groll verdiente. Ich erkannte dann immer nur seinen Anteil.

Ausschließlich er hatte sich falsch verhalten und ich war komplett unschuldig an allem.

Ich kann verstehen, dass viele genau in dieser Falle stecken bleiben, denn auch für mich war es eine reizvolle Perspektive. Doch von meinem Schmerz befreite es mich nicht. Im Gegenteil, es fühlte sich an, als würde ich mich zusätzlich zu all dem Missbrauch auch noch selbst bestrafen. Mein Leidensdruck war inzwischen groß genug. Ich wollte endlich inneren Frieden. Dafür war ich bereit, auch mich und mein Verhalten einer kritischen Prüfung zu unterziehen.

Ich stehe auf und hole mir meine Macht zurück

Für mich stand das Wort Macht in der Vergangenheit für etwas Bedrohliches. Es verkörperte etwas, dass in mir Angst auslöste und mich abhängig werden ließ. Sowohl von Substanzen als auch von Menschen. Schon in der Kindheit hatten alle möglichen Menschen die Macht über mich. Mir wurde gesagt, wie ich denken soll, was ich fühlen darf und was nicht. Wenn ich nicht gehorchte und nicht das liebe, brave und stille Mädchen war, wurde ich dafür sehr hart bestraft. In diesen Situationen fühlte ich mich wehrlos und hoffnungslos ausgeliefert, so wie es in meinen toxischen Beziehungen später auch üblich war.

Ich will spüren, dass ich lebe. Jeden Tag aufs Neue. Es war diese Sehnsucht nach Leben in meinem Herzen. Sehnsucht nach echtem Leben und Liebe, nicht nach Fassade und Scheinwahrheit. Ich hatte inzwischen erkannt, dass ich mein Glück nicht davon abhängig machen wollte, ob sich irgendein Ex bei mir entschuldigt oder seine Fehler einsieht. Darauf hätte ich sehr lange warten können. Sie hatten schon in der Vergangenheit keine Verantwortung übernommen, warum ausgerechnet jetzt?

Für mich entfaltete sich ab diesem Moment ein neuer Weg. Ich verlagerte den Fokus weg vom Narzissten und hin zu mir. So entzog ich ihm noch mehr Macht und wurde selbstbestimmter. Du kannst mir glauben, dass es das Schwierigste für mich war, mich immer wieder selbst zu justieren. In meinen Kopf fand ein Kampf der alten Glaubensmuster und der neuen Ideen statt. Eine alte Stimme in mir wollte mich immer wieder davon überzeugen, dass ich zu schwach wäre und es nicht schaffen würde. Doch nun gab es auch den innovativen Ansatz, dass es in meiner Macht stand, den Fokus zu ändern und für mich und mein Leben zu arbeiten. Es waren diese alten Gedanken, die mir das Leben zur Hölle machten, denn sie erzählten mir nichts Neues. Im Gegenteil, es war die gleiche Bullshit-Story von Versagen und Schuld, die ich mir schon mein ganzes Leben lang erzählt hatte. Diese mich selbst abwertenden Worte erzeugten negative Impulse, die wiederum bestimmte Gefühle in mir auslösten.

Ich erkannte, dass je nachdem, welcher Natur meine Gedanken waren, ich mich entweder gut fühlte oder es mir hundeelend ging. Wenn ich mich glücklich fühlte, bekam es nicht nur mein Umfeld mit, sondern ich wurde zu einem Menschenmagneten. Sind wir doch mal ganz ehrlich: Wer hält sich nicht lieber in einer Umgebung auf, in der eine angenehme und positive Stimmung herrscht?

Wählte ich aber angstvolle Gedanken, verhielt ich mich dementsprechend. Angepasstes Verhalten war bei mir keine Seltenheit oder dieser Perfektionismus, mit dem ich meine Unsicherheit gekonnt unter den Teppich kehrte. Sobald ich meinen angstvollen Gedanken in irgendeiner Form folgte, zog ich gleichzeitig weitere unangenehme Situationen an. Als ich mir darüber bewusst wurde, konnte ich seit langem wieder richtig durchatmen. In dem Moment fühlte ich mich handlungsfähig und ich verstand das erste Mal das Wort „Macht" in einem anderen Zusammenhang.

Bewusstsein schaffen für die innere Welt - Liebe ich mich selbst?

Ich muss ehrlich gestehen, dass ich vor vielen Jahren noch keinen blassen Schimmer davon hatte, was sich in meinem Inneren für furchtbare Dramen abspielten. Ich war jahrelang der festen Überzeugung, nicht zu reichen, nicht gut genug zu sein, nicht schön genug zu sein, nicht liebenswert zu sein und nicht attraktiv genug zu sein. Das Resultat dieser inneren Glaubensmuster war, dass ich immer versuchte, jemand anderes zu sein. Ich verhielt mich so, wie es sich meine Partner vermutlich wünschten und ich gestaltete eine äußere Fassade, die ich für begehrenswert hielt. Die Frau, die ich dann morgens kurz und flüchtig im Badezimmerspiegel sah, war ein selbst erschaffenes Bild. Tonnenweise Schminke überdeckte die müde Haut meines Gesichtes. Smokey Eyes und rote Lippen rundeten meine Maske perfekt ab. Der eine oder andere Duft, das neue Outfit.

Auf diese Weise fühlte ich mich sicher und weniger verletzlich. Schon bevor meine Partner ihre Augen morgens aufmachten, lag ich perfekt gestylt neben ihnen im Bett.

Beim Schreiben dieser Zeilen wird mir nochmal mehr bewusst, zu was der Mensch imstande ist, um sich vor möglicher Ablehnung zu schützen. Hinter meiner selbst erschaffenen Maske versteckte sich eine Frau mit chronischen Angstzuständen und dem ungesunden, tiefverwurzelten Bedürfnis nach Anerkennung durch andere Menschen, insbesondere durch Männer. Mein Drang nach Perfektionismus ließ mich zu Höchstleistungen auflaufen. Um meine andauernden Ängste nicht spüren zu müssen, betäubte ich mich mit Drogen, Alkohol und Sex. Ich tat dies, um mich hin und wieder entspannen zu können und meinen inneren Giftzwerg zum Schweigen zu bringen. Die Flucht in eine andere Welt half nur kurzfristig, denn meine innere Stimme sprach permanent zu mir.

- Ich muss perfekt sein
- Ich bin hässlich
- Ich bin es nicht wert, geliebt zu werden
- Nähe ist gefährlich
- Die Welt ist ein unsicherer Ort
- Meine Bedürfnisse sind nicht wichtig
- Ich bin eine Versagerin

Ich identifizierte mich mit meinen Gedanken. Ich hielt sie für die Wahrheit, denn das Leben antwortete mir darauf mit misslungenen Beziehungen und Männern, die mich und meinen Körper benutzten. Ich war nicht in der Lage, Entscheidungen zu treffen, denn meine Gedanken bewegten sich innerhalb meiner negativen Glaubensmuster, meinen achterbahnfahrenden Gefühlen, meinen unterschiedlichen Wahrnehmungen in der Beziehung und den Manipulationen meiner Partner. „Ich liebe ihn so sehr" war heute und morgen sah schon wieder alles ganz anders aus: „Er nervt mich einfach nur noch".

Jeder Gedanke erschuf eine neue Realität, die weit ab von Beständigkeit und Harmonie war. Wie sehr wünschte ich mir, dass mich ein Mann so lieben würde, wie ich wirklich war, doch wie sollte das möglich sein, wenn ich mich selbst noch nicht kannte beziehungsweise versuchte, irgendeinem Bild zu entsprechen.

Damals war ich der festen Überzeugung, dass ich die Erwartungen anderer Menschen erfüllen musste, um geliebt zu werden. Somit war ich stets bemüht, den verschiedenen von anderen oder mir selbst auferlegten Verpflichtungen nachzukommen. Ich konnte meine inneren Widerstände gegen diese Lebensphilosophie wahrnehmen, doch die Angst, meine Liebenswürdigkeit zu verlieren, lähmte mich jedes Mal.

Mein unstillbarer Durst nach Liebe ließ mich Handlungen durchführen, die weit ab von den Vorstellungen waren, wie ich mir ein Miteinander wünschte. Ich bewegte mich in einem Feld aus Angst und großen Selbstzweifeln. Gleichzeitig hatte ich aber auch Erwartungen an andere Menschen, insbesondere an meine Partner. In der Vergangenheit erlebte ich eine Trennung als einen lebensbedrohlichen Zustand für mich und hatte Angst vor dem Gefühl dieser unendlichen Leere in mir. Vor dieser Panik sollte mich ein Partner beschützen, indem er eben mit mir zusammen war und ich dadurch von meinen eigenen Themen abgelenkt war beziehungsweise seine Wünsche und Bedürfnisse erfüllen konnte. Ich bin davon überzeugt, dass es unbewusst vielen Menschen so geht. Jedoch ist dies eine Wahrheit, die man ungern anschaut oder gar ausspricht, denn es wäre ein Zugeständnis an den Anderen, auch selbst nicht ganz fair zu handeln.

Nun, ich hatte mich für den neuen Weg der knallharten Ehrlichkeit und Konfrontation mit mir selbst entschieden. Ich spürte dadurch in jeder Zelle meines Körpers, dass es mir nun an den Kragen ging. Es würden nun auch meine unfairen Spielchen und Manipulationen aufgedeckt werden. So rein, wie ich dachte zu sein, war ich nämlich nicht.

Man könnte jetzt an diesem Punkt vermuten, dass ich die Machenschaften des Narzissten verherrlichen möchte. Never ever werde ich das tun, doch ich wollte Heilung erfahren und war bereit, die hundertprozentige Verantwortung für meinen Anteil der Beziehung zu übernehmen.

Verantwortung übernehmen für meine Gedanken, Gefühle und Handlungen - Wer verstanden hat und nicht handelt, hat nicht verstanden

Ich bekam eine leise Ahnung davon, wer in Wirklichkeit meine Beziehungen vermasselte und dafür sorgte, dass ich von einem Beziehungsdrama ins nächste geriet.

Bei meinen Freunden sah es ganz ähnlich aus. Auch sie fanden sich in Beziehungen wieder, die eher unglücklich waren. Von einer tiefen Verbundenheit zum Partner war weit und breit keine Spur zu sehen. Es gab nur eine einzige Freundin, die es anscheinend anders machte und den Dreh raushatte. Es war nicht so, dass es in ihrer Beziehung keine Konflikte gab, doch die beiden schafften es mit einer gewissen Leichtigkeit, Konflikte aus dem Weg zu schaffen. Was war ihr Geheimnis?

Auch wenn es nicht sofort erkennbar ist, handelt es sich bei den verkorksten Partnerschaften nicht um irgendwelche Zufälle. Es offenbaren sich hier vielmehr unsere unbewussten Muster, welche fortwährend in unserem Inneren ablaufen. Solange das für dich unentdeckt bleibt, wird dieser Zusammenhang heute und auch morgen dafür sorgen, dass du ähnliche Situationen und auch Partner anziehst und mit ähnlichen Problemen und Sorgen konfrontiert wirst. Es macht also keinen Sinn, länger an der These festzuhalten, dass irgendjemand da draußen schuld an deinem Beziehungsfiasko ist. Die wahre Ursache liegt in dir selbst, unentdeckt und tief verwurzelt.

Es kann sein, dass viele Männer ihr Herz verschlossen haben und sich für die Liebe nicht öffnen können. Doch es ist weder mein noch dein Job, diese Aufgabe zu lösen. Und genauso verhält es sich auch andersherum.

Ich möchte noch einmal an die Sache mit der Wirkkraft deiner Gedanken anschließen. Es werden deine ausgesprochenen und unausgesprochenen Worte sein, die deine Realität erschaffen. Worte können so kraftvoll und zerstörend sein. Sie besitzen die Fähigkeit, dich in einen High-End Zustand zu katapultieren und ebenso gnadenlos in den Boden zu rammen. Wenn du dir dieser Mechanismen erst einmal bewusst bist, wirst du viel aufmerksamer, achtsamer und verantwortungsvoller mit deinem Geist und den Handlungen, zu denen auch deine Worte zählen, umgehen.

Durch das Verstehen meiner Inneren Welt öffnete sich für mich eine Tür zu einer neuen Bewusstseinsebene. Ich begann, über mich und mein Leben zu reflektieren. Ich war mir sicher, in meiner eigenen Geschichte die Ursache für das bisherige Scheitern in meinen Beziehungen zu finden. Wenn wir immer wieder das Gleiche oder etwas Ähnliches erleben, bis wir die Ursache erkennen und dadurch unser Handeln ändern können, so musste in meiner Vergangenheit der Grund für das heutige Erfahren liegen. Unsere Glaubens-, Denk- und Handlungsmuster werden durch Erlebnisse, Erfahrungen,

Eindrücke und weiteres geprägt. Was war der Grund, dass ich immer wieder Partner anzog, die entweder nicht verfügbar waren oder missbräuchlich handelten? Es musste in der Vergangenheit ein entsprechendes Erlebnis gegeben haben.

Als Kind war ich natürlich noch nicht in der Lage, so weit reflektieren zu können, dass meine Eltern ein ernsthaftes Problem hatten und nicht ich. Dadurch, dass sie mit sich selbst genug zu tun hatten und ich für sie in den Hintergrund rückte, schlussfolgerte ich daraus, dass ich nicht wichtig sei und störe. Meine kindliche Interpretation löste einen tiefen Schmerz in mir aus und ließ mich entsprechend handeln, um mein Überleben zu sichern. Dieses Handeln bestand eben daraus nicht aufzufallen, nicht zur Last zu fallen, keine zusätzlichen Probleme zu verursachen, sondern angepasst, freundlich und liebenswürdig zu sein.

Ich gehe davon aus, dass dir in deiner Kindheit genauso wenig beigebracht wurde, wie du mit deinem Schmerz, sprich mit vorhandenen Gefühlen umgehen kannst. Ich verdrängte meine Trauer. Ihre Narben rutschten durch jede weitere negative Erfahrung in die tiefsten und dunkelsten Schichten meines Unterbewusstseins. Das Interessante daran ist, dass der Schmerz durch die Verdrängung nicht ausgelöscht wird, sondern weiterhin aktiv in dir brodelt, um auf sich aufmerksam zu machen. Wenn du beispielsweise den Glaubenssatz hast, nicht liebenswürdig zu sein, sammelst du unbewusst Beweise, die das bestätigen. Jede weitere schmerzhafte Erfahrung bestätigt deinen negativen Glaubenssatz.

„Ich bin es nicht wert" wird irgendwann zu deiner festen Überzeugung, zu deiner subjektiven Wahrheit. Unbewusst ziehst du dadurch schmerzhafte Situationen und auch Menschen an, die dir deine selbsterschaffene Wahrheit aufzeigen müssen. Es ist deine Energie, die du in dem Moment unbewusst ausstrahlst, und die zum Beispiel mit Narzissten in Resonanz geht. Warum das so ist, möchte ich dir anhand des folgenden Beispiels aufzeigen.

Es brauchte bei mir einige narzisstische Begegnungen und Phasen der tiefen Verunsicherung, bis ich bereit war, mich für meine Ängste zu öffnen.

Was wir sehen, ist oftmals nur ein Bruchteil von dem, was wirklich ist

Natürlich fragte ich mich, wie du wohl auch, warum es am Anfang mit einem Mann so toll lief, doch schon nach kürzester Zeit von all dem nichts mehr übrig war. Welcher Film spielte sich da in meinem Leben ab? Darüber wollte ich mir vollends bewusst werden. In dieser Erkenntnisphase fand ich beim Stöbern im Netz einen Blogbeitrag über das Eisberg-Prinzip von Sigmund Freud. Ich werde es wissenschaftlich nicht ausschweifen lassen, aber möchte dir kurz und knackig alle für mich wichtigsten Punkte zusammenfassen. Bitte überspringe sie nicht, denn in den nächsten Zeilen sind für dich wichtige Informationen enthalten.

Als ich noch ein kleines Mädchen war, schaute ich mir den Film „Titanic" an, der als Neuverfilmung auf allen Bildschirmen der Welt zu sehen war und mehrere Oscars abräumte. Das Naturphänomen dieser Eisberge ist beeindruckend, machtvoll, wunderschön, gefährlich und imposant. Wenn wir einen Eisberg sehen, erblicken wir jedoch nur dessen Spitze. Der übergroße Rumpf verbirgt sich unter der Meeresoberfläche. Freud vergleicht das Bewusstsein und das Unterbewusstsein von uns Menschen mit diesem Eisberg. Nur circa zwanzig Prozent unserer Persönlichkeit sind auf der bewussten Ebene sichtbar und der weitaus größere Anteil, der ganze achtzig Prozent ausmacht, verbirgt sich in den tieferen Schichten des Unterbewusstseins und ist daher inkognito unterwegs. Nicht nur für andere, auch für uns.

Was hat das Ganze aber nun mit Narzissten und Dating-Katastrophen zu tun?

Nun ja, sehr viel sogar. Wenn ich auf meine Dating-Zeit zurückschaue, war ich nach jeder Trennung fest davon überzeugt, dass ich wieder für eine neue Beziehung bereit sei. Somit lernte ich auf der bewussten Ebene einen Mann kennen, der ebenfalls davon überzeugt war, sein Herz für die Liebe öffnen zu wollen. So weit, so gut. Worüber wir uns beide jedoch nicht bewusst waren ist, dass auch der Rumpf unseres Unterbewusstseins anwesend war. Inkognito versteht sich.

Dadurch, dass beide Rümpfe mit einer unfassbaren zerstörerischen Anziehungskraft übereinander herfielen, war von der Eisbergspitze nicht mehr viel übrig.

Meine achtzig Prozent Unterbewusstsein waren das perfekte Match mit den achtzig Prozent Unterbewusstsein meines Dates. Man könnte meinen, es wäre perfekt, doch das war es nicht im Geringsten.

In dem Moment, als wir uns aufeinander zubewegten, prallten sowohl die angeblich bereiten Eisbergspitzen als auch unsere beiden Rümpfe angefüllt mit alten Erfahrungen und Programmen aufeinander. Am Anfang waren wir davon überzeugt, uns in den absoluten Traumpartner verliebt zu haben. Doch früher oder später kam der Rumpf ins Spiel. Und so zeigte sich schließlich nach ein paar Wochen oder Monaten, dass eine harmonische Beziehung unmöglich war. Jeder Versuch einer Annährung wurde durch die Dicke beider Rümpfe verhindert. Die Eisbergspitzen konnten sich noch so anstrengen, ein Zusammenkommen war nicht möglich.

Aus dem Nichts fühlte ich mich auf einmal von ihm verstoßen und abgelehnt, woraufhin ich zu klammern begann und mich anzustrengen. Ich wollte wieder die schöne Anfangszeit zurück. Er reagierte auf mein Klagen und Klammern mit weiterer Distanz. Jedes Mal, wenn wir uns wieder aufeinander zubewegten, knallten die beiden unbewussten Rümpfe zusammen.

Warum ist das so?

Das Gesetz der Resonanz wirkt auf magische Weise und zieht das an, was als Energie aus deinem Rumpf ausgestrahlt wird. Es war einer meiner wichtigsten Lernprozesse und Erkenntnisse zu erkennen, dass wir am stärksten mit den Menschen in Resonanz gehen, die zu unseren Verletzungen, Schmerzen und Glaubenssätzen passen. Ich selbst zog somit auf der unbewussten Ebene Männer an, die mir nicht guttaten und dennoch eine extrem hohe Anziehungskraft auf mich ausübten und das, weil wir in unseren Rümpfen ähnliche Ängste und Selbstzweifel horteten. Wir können dem Gesetz der Resonanz nicht entfliehen, das besagt, dass Gleiches immer Gleiches anzieht. Es war bitter und erlösend zugleich, die Zusammenhänge nun besser verstehen zu können. In allen zwischenmenschlichen Beziehungen wirkt das Gesetz der Resonanz. Deshalb ist das scheinbar perfekte Match nicht automatisch die beste Wahl. Dein Unterbewusstsein reagiert auf das deines Gegenübers und wenn dort ebenfalls sehr schmerzhafte Erfahrungen und Glaubenssätze abgespeichert sind, kann das vermeintliche Traumdate höchstwahrscheinlich dein schlimmster Alptraum werden. Anders gestaltet es sich, wenn beide Personen bereit sind zu reflektieren, ihre Einstellungen und Glaubenssätze hinterfragen möchten und in der Reibung mit dem Gegenüber eine Wachstumschance sehen.

Die Bewusstmachung der verborgenen Anteile, die in deinem Rumpf gespeichert sind, ist also immens wichtig. Wenn dir deine sogenannten Schattenanteile, die sich in deiner Vergangenheit gebildet haben, nicht bewusst sind, reagierst du auf entsprechende Trigger, die dir das Leben sehr schwer machen können.

Nach deinem Glauben geschieht dir

Ich machte immerzu die gleichen Erfahrungen mit Männern, da unbewusst mein altes Programm voller unwahrer Überzeugungen und Glaubenssätze ablief, das größtenteils aus meiner Kindheit stammte. Das Herausfinden und Bearbeiten war nicht nur anstrengend, sondern erforderte sehr viel Achtsamkeit und Geduld. Dazu musste ich nicht jede Erinnerung meiner Kindheit erneut durchleben, sondern vielmehr meinen Fokus darauf verlagern, was ich zukünftig erschaffen wollen würde. Ein negativer und ein positiver Glaubenssatz können nicht zeitgleich wirken. Je realer dein positiver Glaubenssatz auf dich wirkt, desto irrealer wird dein alter Glauben. Zusätzlich gab es noch eine weitere wichtige Erkenntnis für mich, dass nämlich mein negativer Glaubenssatz nicht mein Feind ist. Er hatte mich in meinen Kindertagen beschützt und vor schlimmeren Erfahrungen bewahrt. Ich war lieb, brav und angepasst, um geliebt zu werden oder eben, um mir keine weiteren Bestrafungen oder Abwertungen einzufangen. Dieses Verhalten setzte ich als Erwachsene fort. Im Laufe meines Prozesses wurde mir dann klar, dass ich nicht mehr das kleine Mädchen von damals war. Mein negativer Glaubenssatz diente zum reinen Selbstschutz in der Kindheit, der mir im Erwachsensein nun eher hinderlich war. Durch ihn lebte ich mein Sein in Beziehungen mehr als unauthentisch. Ich konnte jetzt jedoch bewusst die Verantwortung für mich und meine Gefühle übernehmen. So musste ich nicht gegen den alten Glaubenssatz ankämpfen.

Ich konnte ihn annehmen und wertschätzen, da er damals wichtig für mich war. Er erhielt meine Anerkennung und Liebe und wurde somit erlöst.

Um meine Glaubenssätze und meine Geschichte umzuschreiben, brauchte es sechs Dinge:

- Ich übernehme die volle Verantwortung für meine selbst erschaffenen Überzeugungen und Glaubenssätze.
- Ich erkenne die Lügen an, die ich über mich selbst erschaffen habe und auch dafür, wohin sie mich führten und noch führen werden, wenn ich sie für mich nicht sichtbar machen würde.
- Ich übernehme die volle Verantwortung für meine Gefühle, die durch meine Unwahrheiten entstehen.
- Ich übernehme die volle Verantwortung für meine Handlungen.
- Ich treffe die unumstößliche Entscheidung, mir eine neue Geschichte und eine positive Wahrheit über mich zu erzählen.
- Ich achte im Alltag bewusst auf meine Gedanken und trainiere mein Mindset jeden Tag darin, eine positivere Wahrheit zu kreieren.

Unser Gehirn beherbergt ein unfassbar lernfähiges und komplexes System. Es ist in der Lage, fortwährend aufzunehmen und durch häufig wiederholte Vorgänge automatisch ablaufende Muster zu erarbeiten. Du brauchst Geduld, um deine alte Geschichte umzuschreiben.

Durch konsequentes Training deiner positiven Glaubenssätze braucht dein Gehirn ungefähr drei bis vier Wochen, um deine neue Wahrheit zu übernehmen. Es ist genauso, als wolltest du mehr Muskelmasse aufbauen. Das geht auch nicht von heute auf morgen.

Erst ständige Wiederholungen führen zu deinem gewünschten Ziel. Du wirst mit der Zeit spüren, dass deine positiven Glaubenssätze immer mehr zu deiner Überzeugung werden und somit erschaffst du dir gleichzeitig eine neue Realität.

Welche negativen Glaubenssätze haben sich im Laufe deines Lebens angesammelt?

Notiere bitte alle negativen Glaubenssätze, die dir spontan einfallen:

....

....

....

....

....

....

....

....

....

....

....

....

....

....

Welche Wahrheit möchtest du dir zukünftig über dich erzählen?

Notiere dir bitte deine positive Wahrheit über dich:

....

....

....

....

....

....

....

....

....

....

....

....

....

....

Ich bekomme nicht immer das, was ich mir wünsche, doch immer das, was ich brauche, um auf meinem Weg weiterzukommen

Mit meinem neuen Bewusstsein fühlte ich mich schon lange nicht mehr so hilflos, wie noch Monate zuvor. Die Trennung von Alex rückte allmählich in den Hintergrund und stattdessen setzte ich mich tagtäglich mit Situationen und schmerzhaften Gefühlen meiner Vergangenheit auseinander. Ich hatte das Gefühl, dass meine verletzte Seele durch die letzte Trennung breit aufgefächert vor mir lag. Meine Kindheit präsentierte sich in dunklen und sehr lieblosen Farben. Die Ablehnung meiner Eltern und der restlichen Familie war noch niemals so präsent, wie in dieser Phase der Verarbeitung.

Gekonnt unterdrückte ich weiterhin die Gefühle von Schuld und Scham, die sich mir regelmäßig offenbarten. Meine Bereitschaft, die volle Verantwortung dafür zu übernehmen, konnte ich zu diesem Zeitpunkt noch nicht aufbringen. Es gab Tage, in denen es in mir keine Motivation gab, an den Prozess der inneren Heilung zu glauben. Die eine Stimme, die mir zuflüsterte, dass ich nicht aufgeben solle, führte einen Kampf gegen die Stimme, die mir noch immer weismachen wollte, dass meine ehemaligen Partner und meine Familie schuld an meinem inneren Leid waren. Ich empfand es als wahnsinnig anstrengend, mich jeden Tag meinen Themen zu stellen. Doch ich blieb dran und entwickelte eine Stärke in mir, die ich so zuvor noch nie erlebt hatte.

Jeder weitere Tag, der verging, machte mich ein kleines bisschen mutiger und stärker. Nun wollte ich mir beweisen, dass ich liebesfähig bin.

Ein Griff zum Smartphone und zwei, drei Klicks später fand ich mich auf einer mir vertrauten Singleplattform wieder. Das erste Match ließ nicht lange auf sich warten. Recht schnell wechselten wir über zu WhatsApp. Ich war stolz auf mich, denn ich erkannte sofort die erste Red Flag: „Hey Baby! Über eins musst du dir im Klaren sein. Ich bekomme immer, was ich will!".

„Ach du Schei*e", dachte ich mir, zögerte nicht lange und blockierte diesen Kontakt. Auf Bad Boys stand ich durch meinen Prozess nicht mehr. Ganz im Gegenteil, es törnte mich regelrecht ab. Ich vertraute weiterhin meinem Weg und schrieb mit einigen Männern. Ich war längst nicht mehr das liebessüchtige Mädchen, das gleich den erstbesten Mann als potenziellen Partner sah. Kennenlernphasen, die grenzüberschreitend verliefen oder durch die push and pull Technik seinerseits als unberechenbar galten, beendete ich konsequent. Schon bald darauf erhielt ich ein Match, das so ganz anders war als all jene, die ich aus meiner Vergangenheit kannte. Falk war definitiv kein Macho, zwar lässig in der Kommunikation, dennoch sehr interessiert und zuverlässig.

Wir trafen uns ein paar Tage später zum Abendessen und schon die Begrüßung sollte ein unvergesslicher Moment werden. Meine High Heels besaßen keine rutschfeste Sohle und der Boden des Restaurants war sehr glatt. Es passierte das, was passieren musste und ich flog im hohen Bogen in Falks Arme. Das Eis war sofort zwischen uns gebrochen, denn wir lachten noch Wochen später über diesen Auftakt unseres Dates. Dieser Mann war anders als all die Männer, die ich zuvor datete.

Was ich zu diesem Zeitpunkt deutlich spürte war meine Angst, noch einmal so verletzt zu werden, wie ich es in den vorherigen Beziehungen erlebt hatte. Mit angezogener Handbremse durchlief ich unsere ersten Dates und kommunizierte ehrlich, was mir widerfahren war. Falk war toll, denn er ließ sich davon nicht abhalten, weiterhin um mich zu buhlen. Im Gegenteil. Er bemühte sich um mich, ohne müde zu werden, zeigte für meine Ängste sehr viel Verständnis und nur allmählich konnte ich mich auf ihn einlassen. Mit der Zeit verspürte ich jedoch den Druck ihn halten zu müssen, obwohl es keinerlei Anzeichen dafür gab, dass er unsere Verbindung abreißen lassen wollte.

Ich tat unbewusst das, was ich zuvor immer getan hatte, sobald ich die Angst verspürte, dass sich ein Mann aus meinem Leben verabschieden könnte. Mein Körpereinsatz hielt die Männer davon ab, mich sofort aus ihrem Leben zu streichen. So sollte es auch an diesem Abend sein. Falk, der schon sichtlich verliebt in mich war, wurde nach allen Regeln der Kunst verführt und es wurde eine unvergessliche Nacht. Ab diesem Zeitpunkt stand einer gemeinsamen Zukunft nichts mehr im Wege. Nach außen schien es perfekt zwischen uns zu laufen, doch in mir sah es ganz anders aus.

Eine Frau, die emotionalen und körperlichen Missbrauch erlebt hat, liebt anders. Weiterhin lähmte mich meine Angst, die ich ehrlich kommunizierte und Falk tat alles Erdenkliche, um meine Dämonen zu vertreiben.

Vorsicht, Stutenbissigkeit

Es brauchte meinerseits einige Wochen, bis ich mich vollständig auf unser gemeinsames Leben einstellen konnte. Sein Geburtstag stand nun an und ich sollte seine Freunde und seine Nachbarin kennenlernen, zu der er ein sehr vertrautes Verhältnis pflegte. Völlig unbefangen und voller Vorfreude bereitete ich mich auf das Zusammentreffen vor. Kaum angekommen, trafen mich blitzartige Blicke einer Frau, die sich dann als die besagte Nachbarin herausstellen sollte. „Holy sh*t", dachte ich mir in diesem Moment, denn die erste Begegnung zwischen ihr und mir war alles andere als „Martina, du bist herzlich Willkommen.". Auf Stutenbissigkeit und Eifersuchtsdramen hatte ich keine Lust, denn das hatte ich in meinen Ex Beziehungen zu genüge. Ich ließ die Sache erstmal so stehen und sprach mit Falk nicht darüber. Es würde sich in Zukunft schon zeigen, wie ich mit der Person umzugehen hatte. Außerdem wollte ich unsere Zweisamkeit nicht damit belasten.

Die nächsten Wochen waren wunderschön zwischen uns und unsere Liebe war nicht zu übersehen. Jede freie Minute verbrachten wir damit, unvergesslichen Sex miteinander zu haben oder tiefsinnige Gespräche zu führen. Er schenkte mir sein uneingeschränktes

Vertrauen, indem er mir über sehr traumatische Erlebnisse seiner Vergangenheit berichtete. Ich erfuhr auch von irgendeiner psychisch gestörten Ex-Freundin. Mein Helfersyndrom wurde daraufhin aktiviert und nun wollte ich ihm die Liebe schenken, die ihm so lange Zeit verwehrt geblieben war. Meinen eigenen Prozess der Selbstheilung vernachlässigte ich nun sträflich.

Es kam, wie es kommen musste: Ich befand mich wieder in dem Spinnennetz meiner alten Muster. Aufopferung und mich dadurch unersetzlich machen war meine tägliche Motivation in unserer Beziehung. Falk war überaus engagiert, was ich nicht sofort genießen konnte. Das Misstrauen, dass alles nur gespielt ist, um mich dann wieder emotional zu missbrauchen, spürte ich in jeder Faser meines Körpers. Mit sehr viel Liebe und Gefühl schaffte es dieser wundervolle Mann, mich zu beruhigen. Nach ein paar Wochen hatte mich Amors Liebespfeil mitten ins Herz getroffen und für mich stand fest: Er ist der Eine, auf den ich mein ganzes Leben lang gewartet hatte.

Alles hätte so schön sein können, wenn es nicht immer dieses eine Streitthema zwischen uns gegeben hätte. Louise, die Nachbarin, fing an, mich richtig zu nerven, denn sie war permanent präsent in unserer Beziehung. Falk und sie waren seit Jahren ein eingespieltes Team, was ihrem Freund anscheinend nichts ausmachte, denn auch er war ein festes Mitglied dieses Dreiergespanns. Außenstehende würden sagen, dass diese drei unzertrennlich sind und eine Partnerin an Falks Seite nicht wirklich da reinpassen würde.

Falk und Louise demonstrierten mir durch ihr inniges Verhalten immer wieder, dass mein Partner eine sehr wichtige Rolle in Louises Leben spielen würde. Es kam mir vor, wie ein ständiges Tauziehen zwischen ihr und mir. Ich war es leid und müde und wollte natürlich auch die Nummer 1 in Falks Leben sein. Ich verstand Louise nicht, die ja in einer Beziehung lebte, genauso wenig wie Falk, der ja mit mir zusammen war.

Zwischen ihm und mir kam es nun aufgrund dessen immer öfter zum Streit. Wie ich herausfand, war ich wohl nicht die erste Frau, die sich mit dieser Problematik herumschlagen musste. Merkwürdigerweise dachte Falk jedoch nicht daran, sein oder Louises Verhalten in Frage zu stellen, sondern verteidigte es nur. Meine Grenzen konnte ich inzwischen zwar klar und deutlich formulieren, folgerte jedoch keine Konsequenz daraus. Ich spürte mittlerweile so eine tiefe Liebe zu diesem Mann, dass ich wieder, wie in meinen vergangenen Beziehungen auch, über meine Grenzen ging und alles dafür tat, ihn nicht zu verlieren.

Falk drückte seine Liebe auf unterschiedliche Weise aus, die ich sehr genoss. Kein Wunsch blieb unerhört, ob sexuell oder auch einfach nur im Alltag, indem er mir Dinge abnahm, die in Männerhände gehörten. Doch ich spürte, dass sich zwischen uns etwas veränderte. Es fing mit Kleinigkeiten an, so dass er zum Beispiel morgens nicht mehr mit mir aufstand, um gemeinsam einen Kaffee vor der Arbeit zu trinken. Unsere sexuelle Anziehungskraft war weiterhin unberührt.

Diese erlebten wir nach wie vor in den schillerndsten Farben und manches Mal so elektrisierend und belebend, wie ich es aus meinen toxischen Beziehungen kannte, doch unsere zwischenmenschliche Basis geriet in Schräglage.

Und täglich grüßt das Murmeltier

Meine alte Verlustangst wurde nun aktiviert und so verkaufte ich mich erneut unter meinem Wert. Louise hatte alle Macht der Welt und ich machte gute Miene zum bösen Spiel aus Angst, ihn zu verlieren. Falk bekundete zwar immer noch, dass ich seine absolute Traumfrau sei und er noch nie so geliebt hätte, wie mit mir, doch ich konnte es nicht mehr fühlen. Ich höre noch heute seine Worte, doch seine Energie strahlte etwas anderes aus. Das Fass zum Überlaufen brachte dann ein gemeinsamer Urlaub mit Louise und ihrem Freund. Ohne mich. Es kostete mich verdammt viel Kraft, locker mit der Situation umzugehen, doch ich ließ ihn fahren. Es gab in dieser Zeit immer wieder Streit, da mich durchgängig das Gefühl begleitete, dass irgendetwas nicht mehr richtig zwischen uns läuft. Eine banale Situation nahm ich als Anlass, vollkommen überzureagieren und ihn per WhatsApp zu verlassen. Ich war mit unserer Beziehung, meinen negativen Gefühlen, die mich schon seit Wochen begleiteten, und mir gnadenlos überfordert.

Schon kurze Zeit später wurde mir klar, was ich aus meiner inneren Not heraus getan hatte. Ich hatte den Mann vor den Kopf gestoßen, den ich liebe. Ich wusste mir nicht mehr zu helfen und bettelte und flehte ihn an, dass er mir bitte verzeihen möge. Mir war klar, dass ich dabei war, unsere Beziehung komplett an die Wand zu fahren. So vereinbarte ich schnellstmöglich einen Termin bei meinem Therapeuten, zu dem mich Falk begleitete. Wir hatten nach seinem Urlaub beschlossen, uns und unserer Beziehung eine neue Chance zu geben. Falk hatte den Vorschlag gemacht, mich zum Therapeuten zu begleiten, um zu verstehen, warum ich so überreagiert hatte. Der Therapeut erklärte Falk, dass ich mich teilweise in seiner Beziehung zu Louise als überflüssig und wertlos empfand. Dass Falk all die schönen Dinge, wie Urlaube, Freizeitaktivitäten, Konzerte, Restaurantbesuche etc. lieber mit ihr und ihrem Freund unternahm. Er machte ihm deutlich, dass ich mir wünschte, auch Teil dieses Lebens zu sein, auch eingebunden zu werden. Falk erklärte darauf schlichtweg, dass er mich nicht dabeihaben wollte, was mich erneut tief verletzte.

Ich hatte damals den Eindruck, Falk hätte sich gewünscht, dass der Therapeut mir den Kopf geraderückt, nach dem Motto: „Martina, reiß dich mal zusammen. Es gibt wirklich absolut keinen Grund, sich aufzuregen.“. Das tat er jedoch nicht. Die Therapiesitzung gestaltete sich daher als äußerst schwierig und wenig zielführend, denn eine gemeinsame Lösung für den Zustand unserer inzwischen verkorksten Beziehung schien es nicht zu geben. Im Gegenteil. Ich bekam Falks volle Wut zu spüren. Er verstand mich nicht, fühlte sich angegriffen und begriff nicht, dass es um ein besseres Verständnis unserer Beziehung ging. Ab diesem Zeitpunkt wurde unsere Beziehung noch schlechter.

Anstatt cool und bei mir zu bleiben, plagten mich massive Schuldgefühle, denn ich glaubte, dass ich nur durch meine Ängste diese Situation herbeigeführt hatte. Einer alleine kann eine Beziehung nicht an die Wand fahren, doch so weit dachte ich in dem Moment nicht. Es war wie verhext zwischen uns. Sexuell schwebten wir auch noch nach Monaten auf Wolke sieben. Es gab keine Tabus oder Hemmungen zwischen uns. Wenn wir Lust aufeinander verspürten, gab es keine Distanz zwischen uns.

Sobald meine Dämonen wieder aus den tiefsten Schichten meines Unterbewusstseins zum Vorschein kamen, zückte Falk sein Schwert, um diese in die Flucht zu schlagen. Doch er tat dies anscheinend nicht mehr aus tiefer Liebe zu mir heraus, denn nun bekam ich öfter zu hören: „Nur wegen dir mache ich das alles.“. Aus heutiger Sicht kann ich eindeutig eine Red Flag erkennen, denn hier fand ganz klar eine Schuldumkehr statt. Wir entfernten uns immer weiter voneinander und egal, was ich tat, egal, wie sexy ich mich für ihn herrichtete, er ignorierte mich zusehends. Louise tanzte indessen weiterhin um uns herum.

Was ich zunehmend deutlich in mir wahrnehmen konnte, war meine unbändige Wut - nicht nur gegen mich selbst gerichtet, sondern vor allem Falk gegenüber. Seine „ach so tolle“ Nachbarin zog alle Register öffentlich zu bekunden, dass sie zuerst da war. Es kamen einige Freunde aus deren Umfeld auf mich zu, die mir bestätigten, dass es auch Machtkämpfe zwischen ihr und Falks Ex-Partnerinnen gegeben hatte. Mir war das alles zu viel. Eine Dreiecksbeziehung, egal in welcher Form, widerstrebte meinen Vorstellungen und Werten.

Die Verbindung zwischen den Dreien war so eng, dass ich meinen Platz darin nie wirklich finden würde.

Eines Abends, ich weiß es noch, als wäre es gestern gewesen, überkamen mich plötzlich Atemprobleme und eine geballte Wut, die sich verzweifelt einen Ausgang suchte. Panisch schnappte ich mir meine Jacke und den Schlüssel und rannte aus Falks Wohnung. Luft! Ich brauchte Luft! Ich erstickte! Mir liefen die Tränen runter und ich fluchte nur noch vor mich hin, wie sehr ich dieses Leben hasste. Louise, die ständig präsent war. Falk, der gefühlt nichts verstand und eine Dynamik zwischen uns, die mich einfach nur noch ankotzte. Ich hatte das Gefühl, langsam aus einem Dämmerschlaf zu erwachen. Die Dinge, die mich belasteten und unserer Beziehung schadeten sprach ich daraufhin offen und ehrlich an, doch noch immer war ich in meinen Mustern gefangen. Ich änderte nichts an der Situation und befreite mich nicht. Aber ich spürte auch, dass sich mein Griff allmählich lockerte.

Eine Pause von Louise gab es nach wie vor nicht. Jedes Treffen gestaltete sich für mich als ein Gefängnis meiner Selbst. Nicht nur, dass es einfach nicht mehr das Umfeld war, in dem ich mich bewegen wollte, zusätzlich hatte ich einfach keine Motivation mehr, mit dieser Frau in den Kampf zu ziehen. Gefühlt stand ich unter ihrem Dauerfeuer und ich zog innerlich die weiße Flagge.

Ich war müde von diesem Zickenterror und den Eifersuchtsdramen. Es widerte mich alles nur noch an. Diese drei Menschen verband eine intensive gemeinsame Vergangenheit und eine Abhängigkeit, von der ich mich schon seit vielen Monaten zu befreien versuchte. Im Grunde genommen wurde ich durch diese Situation daran erinnert, was ich nicht länger zu leben bereit war. Louise kämpfte um ihren Platz, obwohl sie sich doch selbst in einer Beziehung befand. Es plagte sie wohl die gleiche Verlustangst, wie mich.

Für einen Moment konnte ich tiefes Mitgefühl für sie und auch für mich entwickeln, was einen neuen Heilungsprozess in Gang setzen würde.

Die letzten Jahre meiner toxischen Beziehungen hatten so viele Spuren hinterlassen. Ich wusste, dass Falk und ich es nicht schaffen würden. Statt zu kämpfen, wie ich es zuvor tat, ließ ich los und kümmerte mich endlich wieder um meinen Heilungsprozess. Unsere Probleme nahmen weiter zu und unsere Trennung schien unvermeidbar. Anstatt zusammen nach Lösungen zu suchen, arbeiteten wir an verschiedenen Fronten. Mich belastete die Beziehung so sehr, dass ich eines nachts mit einer Panikattacke aufwachte. Mit letzter Kraft konnte ich mich auf das Sofa seines Wohnzimmers fallen lassen, um mich wieder zu beruhigen. Ich wusste, wie schlecht es um uns stand. Ich wusste, wie furchtbar es mir ging. Ich wusste, dass ich so nicht weiterleben wollte und doch war ich nicht in der Lage, den Schlussstrich zu ziehen. Mich überkam eine tiefe Verlustangst, der ich ohnmächtig gegenüberstand. Reden oder reflektieren war für mich zu diesem Zeitpunkt nicht möglich.

Wir erlebten nur noch kurze Momente, die von Freude gezeichnet waren. Das endgültige Aus kam kurze Zeit später aus Falks Mund. Er beendete unsere Beziehung mit den Worten, dass er mich nicht mehr lieben würde. Was für eine verdrehte Welt. Drei Tage zuvor hörte ich aus dem gleichen Mund, dass ich seine Traumfrau und seine große Liebe sei. Ich wusste nun, dass es vorbei war und stand der Situation ohnmächtig gegenüber. Ein tiefer Schmerz durchdrang meinen Körper und als wenn es mir nicht schon schlecht genug gegangen wäre, erreichte mich eine Nachricht von Louise. Den genauen Wortlaut weiß ich nicht mehr. Sie meinte, dass es ihr leid täte mit der Trennung und sie mir alles Gute wünschen würde. Sicher waren die Worte nicht wirklich ehrlich gemeint. Zumindest fühlte es sich für mich nicht danach an. Aus heutiger Sicht weiß ich jedoch, dass jeder Mensch seine eigenen Beweggründe hat und ich daher nicht über Louises Verhalten urteilen möchte. Sie war sicher kein böser Mensch, sondern eben auch ein Resultat ihrer eigenen Vergangenheit. Für mich brach damals eine Welt zusammen, doch half mir dieser eine Satz, der plötzlich vor meinem geistigen Auge auftauchte: „Wenn etwas auseinanderbricht, war es nicht für dich bestimmt. Und dann ist etwas, was besser zu dir passt, schon auf dem Weg zu dir."

Wie lange ich tatsächlich mit der Trennung zu tun haben würde, war mir zu diesem Zeitpunkt noch nicht klar. Etwas Besseres war tatsächlich auf dem Weg zu mir, doch dafür durfte ich mich noch einige Zeit mit mir selbst beschäftigen und weitere Hürden überwinden.

All diese Erfahrungen würden der finale Abschluss meiner toxischen Beziehungen werden, den ich gebürtig feiern würde. Eins schon mal vorweg: Mit Falk verbindet mich heute noch eine sehr schöne Ebene.

Später mehr dazu, denn unsere Beziehung war eine wichtige Lektion für mich, die zum Ende meiner toxischen Beziehungen führen sollte.

Perspektivenwechsel & Selbstreflexion - Die Menschen bauen zu viele Mauern und zu wenige Brücken

Nun stand ich am gefühlt gleichen Punkt, an dem ich mich ein Jahr zuvor auch schon befunden hatte. Tief erschüttert versuchte ich die Trennung anzunehmen. Völlig irrsinnig, denn ich wollte ja eigentlich mit diesem Mann zusammen sein. Er hatte mir doch ein paar Tage zuvor noch seine große Liebe versprochen.

Wieder erinnerte ich mich an den Podcast, der mich nun vor fast genau einem Jahr aufgeweckt hatte: „Das Leben schickt dir so lange dieselbe Lernaufgabe, bis du sie gelöst hast.". Ich begann, das Erlebte zu hinterfragen. Was war passiert? Was hatte ich übersehen, dass ich wieder Herzschmerz spüren musste und eine Trennung erlebte?

Gefühlt verging keine Sekunde, in der ich nicht in Gedanken bei Falk war. Meine Liebe zu ihm war unerschütterlich. Auf der einen Seite war er doch so liebevoll, denn verbale Abwertungen erlebte ich mit ihm nicht und auf der anderen Seite war er ein unterkühlter und recht pragmatischer Mann. Das Band, welches uns verband, war stärker als all das, was ich zuvor mit anderen Männern erlebt hatte. Ich fühlte mich zerrissen, denn zwei Herzen schlugen in meiner Brust. Auf der einen Seite hing ich an ihm und fühlte den Schmerz der Trennung und auf der anderen Seite gab ich jeden Tag mein Bestes, um ihn loszulassen. Er wollte frei sein und weil ich ihn so sehr liebte, respektierte ich seinen Wunsch.

Meinerseits startete ich noch einige wenige Rettungsversuche, die von vorneherein zum Scheitern verurteilt waren und ins Leere liefen. Es war vorbei.

Von jetzt auf gleich war seine Liebe erloschen. Selbstverständlich verfluchte ich ihn auch immer wieder, sobald ich mich selbst in die Opferrolle begab. Im Selbstmitleid versunken, sah ich nur meinen Schmerz. Selbstmitgefühl wäre die gesündere Form in dieser Phase gewesen und hätte mich höchstwahrscheinlich schneller aus meinem Tief geholt. In all der Traurigkeit nahm ich allerdings auch einen Unterschied zu meinen bisherigen Trennungen wahr. Ich durchlief keinen eiskalten Entzug. Das verbuchte ich als Entwicklungsschritt und das stärkte mich.

Es ging mir nicht gut, doch ich war weiterhin handlungsfähig und in der Lage, klare Gedanken zu fassen. Ich wollte herausfinden, was ich übersehen hatte und was mir durch diese Trennung aufgezeigt werden sollte.

Ich sehe die Welt nicht, wie sie ist, ich sehe die Welt, wie ich bin

In Gesprächen mit Freundinnen wollte mein altes Ego darauf beharren, dass ich alles richtig gemacht hatte und dass Falk derjenige war, der sich nicht loyal verhalten hatte. Doch ganz so einfach machte es mir mein Umfeld diesmal nicht. Zum Glück. Sie trösteten mich, doch ergriffen für keine Seite Partei: „Martina, was könnte nun dein Geschenk hinter dieser Trennung sein?“. Ich muss gestehen, dass meine Freundin Marlene mir stets gute Fragen stellte und so wollte ich herausfinden, welches Geschenk das war.

Zuallererst musste ich lernen, von den Denkweisen loszulassen, immer Recht zu haben und dass meine Verhaltensweise die einzig richtige sei. Aus meiner Perspektive und durch meine Brille hatte ich natürlich meine subjektive Wahrheit, doch auch Falk schaute durch eine Brille und wie entscheidet man nun, wer jetzt recht hatte? Wo steht denn geschrieben, dass die eine Perspektive die einzig wahre ist? Weil sie in der Gesellschaft mehr Applaus erhält oder mehr Anhänger hat? Mir ist in dieser Auseinandersetzung mit mir eine wichtige Sache aufgefallen: Die Problematik in Beziehungen ist sehr häufig die, dass die Partner sich bekriegen, weil jeder den anderen davon überzeugen will, dass er recht hat. Dass seine Sicht auf die Welt durch seine Brille die bessere ist. Es werden Machtkämpfe ausgeführt, weil jeder auf seinem Standpunkt beharren will, anstatt einfach mal durchzuatmen und sich in sein Gegenüber hineinzuversetzen.

Mögliche Fragen, um die Perspektive in der Beziehung zu wechseln:

Wahnhinweis! Bitte diesen Perspektivwechsel nur durchführen, wenn du dich bereit fühlst, dich in deinen vielleicht auch narzisstischen Partner hineinzufühlen, was nicht bedeutet, sein Verhalten schönzureden, sondern lediglich dazu dient, mehr Bewusstsein zu schaffen.

- Warum hat er/sie gerade so gehandelt?
- In welcher Not befindet er/sie sich gerade?
- Könnte etwas an dem Gesagten wahr sein?

Mir hat es unfassbar geholfen, beide Seiten zu beleuchten und meine Brille, sprich meinen Filter, mal außen vorzulassen. Bei einem Perspektivenwechsel besteht die Kunst darin, Gespräche, andere Menschen oder Situationen aus einem anderen Blickwinkel zu betrachten. Das funktioniert, wenn der Filter der eigenen persönlichen Erfahrungen und Bedürfnisse für einen Moment in den Hintergrund rückt. Das Verständnis zu entwickeln, dass auch meine Bedürfnisse und Sichtweisen ein bestimmtes Verhalten bei meinem Gegenüber auslösen können, erweitert das Sichtfeld enorm. So kann eine neue Ebene geschaffen werden, die wiederum zu anderen Ergebnissen führen wird. Es geht nicht darum, sich Situationen oder Menschen gegenüber anzupassen, sondern ausschließlich darum, Verständnis zu entwickeln, dass jeder Mensch ein Individuum ist und eigene Ansichten teilt, die weder richtig noch falsch sind.

Hier gebe ich dir eine Idee, wie du einen Perspektivenwechsel vornehmen kannst:

Befrag doch einmal dein Umfeld, was die Menschen an dir schätzen und mache Notizen über dich, wie du dich selbst wahrnimmst. Oftmals entsteht ein völlig anderes Bild.

Noch ein weiteres Beispiel zum Trainieren anderer Sichtweisen:

Stelle dir vor, dass du gerade mit dem Auto auf der Landstraße Richtung City unterwegs bist. Du bemerkst im Rückspiegel, dass sich deinem Fahrzeug ein Auto mit erhöhter Geschwindigkeit nähert. Dieser lässt nun auch noch seine Lichthupe aufleuchten. Wie bewertest du diese Situation: „So ein Vollidiot, der spinnt ja wohl?!".

Ich bin ganz ehrlich. Es gab Zeiten in meinem Leben, da habe ich genau diese Worte gewählt.

Bis ich verstanden habe, dass es auch so sein könnte, dass der Fahrer in Panik ist, weil er seinen sterbenden Vater ein letztes Mal sehen möchte oder seine Frau in den Wehen liegt. Welche Perspektive ist schlussendlich wahr? Wir wissen es nicht, doch für deinen inneren Frieden könnte es von enormer Wichtigkeit sein, Situationen aus unterschiedlichen Perspektiven zu betrachten.

Selbstreflektion ist ein kontinuierlicher Pfad der Weiterentwicklung

Für mich war es enorm wichtig, meine eigenen Anteile unserer gescheiterten Beziehung zu reflektieren. Selbstreflektion kann enorme Schmerzen bereiten, denn dein Ego spürt, dass es ihm an den Kragen geht und wird alles tun, um sein Überleben zu sichern.

Ich nahm mir einen Zettel und Stift und hielt alles fest, was mir in den Sinn kam. Mir fiel dabei auf, dass ich in keiner meiner Beziehungen klar und deutlich eine Grenze gezogen hatte, auf die dann eine konsequente Handlung folgte. Ich beklagte mich ständig, doch blieb in der Beziehung und erteilte quasi einen Freifahrtschein, meine Grenzen zu überschreiten. Wie sollte es auch anders sein, es blieb ja bekanntlich nur beim Jammern.

Ich erkannte, dass ich zukünftig meine Grenzen klar und deutlich definieren und aussprechen wollte und gegebenenfalls bei erneuter Überschreitung Konsequenzen folgen lassen würde.

„Nein" ist ein vollständiger Satz und erfordert weder Rechtfertigung noch irgendeine Erklärung

„Nein" zu sagen fiel mir in der Vergangenheit unglaublich schwer, denn ich hatte weder in der Kindheit gelernt, meine Bedürfnisse zu kommunizieren, noch in meinen Partnerschaften oder anderen zwischenmenschlichen Beziehungen. Unbewusst ließ ich es zu, dass andere Menschen mich ausnutzten und für ihre Zwecke einspannten. Ich wollte anderen gefallen und ließ mich häufig viel zu früh auf Sex ein. Ich sagte „Ja", obwohl innerlich alles nach einem „Nein" schrie. Mein Prozess der Selbstfindung verlief in kleinen Schritten und das „Nein" sagen lernen, gehörte definitiv dazu. Ein „Nein" zu Situationen und Menschen bedeutete gleichzeitig ein „Ja" zu mir. Es wurde sehr unbequem für mich, denn selbstverständlich erforderte es von mir, meine Rolle als Everybody's Darling loszulassen. Erneut begegnete ich meinen Ängsten.

Als Co-Abhängige war auch ich grenzüberschreitend

Hier folgt nun einer meiner schwierigsten Prozesse, um Heilung zu finden: Die komplette Aufgabe der Opferhaltung und die Übernahme der Verantwortung für mein eigenes Verhalten, welches ich aus heutiger Sicht auch als falsch und grenzüberschreitend einschätze.

Mein Selbstbild bekam eine ordentliche Schräglage, denn so unschuldig, wie ich mich präsentierte, war ich bei weitem nicht. Falk war ein Mann, der sehr harmoniebedürftig war und sobald jemand seine Hilfe benötigte, war er an Ort und Stelle. Verfügten andere über seine Zeit, grummelte er zwar, doch wirklich für sich eingestanden und beispielsweise Anfragen von anderen abgelehnt hatte er nicht. Ich bedrängte ihn so sehr, endlich mal durchzugreifen und seinen Mann zu stehen, doch er fühlte sich dazu noch nicht bereit.

Das wiederum nervte mich so sehr, dass ich nicht lockerließ und weiter auf ihn einredete. Völlig entnervt handelte er dann zu meiner Zufriedenheit, doch glücklich war er nicht.

Meine Sucht nach Harmonie machte es mir schlichtweg unmöglich, die Gefühle anderer und auch die eigenen auszuhalten und somit versuchte ich die Probleme zu lösen, die nicht meine waren. Woher kann ich denn bitte wissen, was für einen anderen am besten ist? Heute weiß ich, dass es mir nur um mich ging. Um nicht länger meinem Schmerz ausgeliefert zu sein, meinte ich, die Lernaufgaben von anderen bearbeiten zu müssen. Aus heutiger Sicht kann ich klar erkennen, dass mein Verhalten eine eindeutige Red Flag war. Eine bessere Lösung wäre gewesen, Falks Not zu erkennen und ihn seinen Wachstumsprozess in seinem Tempo durchlaufen zu lassen.

Durch diese Selbst-Erkenntnis schämte mich ungemein für mein Verhalten, doch diese bittere Pille musste ich schlucken. Mir fielen nun einige Situationen aus meiner Vergangenheit ein, in denen ich grenzüberschreitend und eigennützig gehandelt hatte. Jedes Mal, wenn meine Partner sich nicht so verhielten, wie ich es mir wünschte, benahm ich mich manipulierend. Wartete ich beispielsweise zu lange auf eine WhatsApp, ließ ich meine Partner schmoren, die dann ebenfalls ewig lang auf eine Antwort von mir warten mussten. Total kindisch, doch es war ein Programm in mir, das unbewusst ablief. Der wichtigste Punkt in meinem Prozess der Selbstreflexion war, mich im Spiegelbild meines Partners zu erkennen.

Fallbeispiel aus meinem heutigen Coaching-Alltag:

Seit mehreren Wochen durchlief Martha die Masterclass (ein von mir speziell entwickeltes Programm, das Menschen hilft, sich aus toxischen Beziehungen zu befreien und in die eigene Kraft, sprich Selbstverantwortung zu kommen) und sie erzählte mir von einem Disput mit ihrem Bruder Peter. Sie fuhren gemeinsam auf einer Straße, die so eng war, dass sie kaum eine Möglichkeit zum Ausweichen zuließ. Es kam das, was kommen musste: Es näherte sich ein Auto, das von vorne auf sie zuschoss. Ihr Bruder hätte eine seitliche Lücke für sich nutzen können, um den Fahrer des anderen Autos vorbeifahren lassen zu können. Doch anstatt das zu tun, drängte er auf sein Recht und so kam es zu einem Machtkampf zwischen den beiden Autofahrern. Martha regte sich in dem Moment furchtbar über das Verhalten ihres Bruders auf und redete auf ihn ein, dass er einfach die Lücke nutzen soll, um diese kindische Auseinandersetzung zu beenden. Ihr Bruder Peter konterte, dass sie sich einfach mal beruhigen soll und es schließlich seine Angelegenheit wäre. Alles zetern und schimpfen von Martha half nichts. Peter bestand weiterhin auf sein Recht. Marthas Körper reagierte mit Schweißausbrüchen und einer beklemmenden Enge im Hals. Egal, was sie Peter riet, es verschlimmerte die Situation nur noch. Sie war mit den Nerven am Ende. Erst später gab der andere Autofahrer nach und die Situation fand ein jähes Ende.

Was hätte Martha in dieser Situation helfen können?

Zuerst einmal hätte sie in dem Moment mehrmals tief ein und ausatmen können, um ihren Körper mit ausreichend Sauerstoff zu versorgen. In Situationen, die Stress in uns auslösen, neigen wir dazu kurzatmig zu werden, was wiederum zu körperlicher Verspannung führt. Der Stress, sprich auch die Angst, die unbewusst in uns ausgelöst werden, sorgen dafür, dass wir immer sofort nach einer Erlösung zu suchen. Genau in solchen Momenten handeln wir dann grenzüberschreitend, da uns eventuell das Vertrauen zu der Person und zu der Lösung fehlt.

Über den Atem können wir unsere Emotionen regulieren und deutlich besser in diesen Moment hineinentspannen. Die Herausforderung im Straßenverkehr war Peters Aufgabe und auch er alleine darf sie lösen. Hätte er kommuniziert, dass er Hilfe benötigt, hätte sich seine Schwester natürlich einschalten können. Martha hätte Peter auch fragen können, ob sie etwas für ihn tun kann. Höchstwahrscheinlich wäre aus seinem Mund ein Nein gekommen, doch sie wäre sofort aus dem Gefühl raus gewesen, eine Lösung finden zu müssen. „Ich bleibe bei mir" ist ein wichtiger Merksatz, der enorm weiterhelfen kann.

Im weiteren Verlauf wäre es wichtig, dass Martha ihren eigenen Anteil erkennt. Dass sie selbst so stark mental und auch körperlich reagiert spricht dafür, dass sich hier ein ungelöstes Thema von ihr verbirgt. Nachdem Martha versuchte, ihrer Verzweiflung und den Gefühlen auf den Grund zu gehen fand sie heraus, dass sie schon in ihrer Kindheit nach Lösungen suchte, wenn der Haussegen in ihrer Familie schief hing.

Dieses Verhalten hatte sie als erwachsene Frau nicht abgelegt und sie meinte weiterhin, die Verantwortung zu tragen und die Probleme ihrer Familienmitglieder klären zu müssen.

Alles, was mich an einem anderen Menschen stört, ist ein ungelöstes Thema in mir

Alles, was mich länger als dreißig Sekunden an einem anderen Menschen nervt, hat in irgendeiner Form auch etwas mit mir zu tun. Darüber war ich mir lange Zeit nicht bewusst.

Denke ich an meine toxischen Beziehungen zurück, sehe ich Partner, die sich mir gegenüber distanziert, abweisend und abwertend verhielten.

Welchen ungeliebten Anteil meiner Selbst spiegelten sie mir? Welcher Schmerz sehnte sich nach Erlösung?

Folgende Fragen stellte ich mir, um mehr Klarheit zu erhalten:

- Wie verhält sich mein Partner mir gegenüber?
- Wie spricht mein Partner von und mit mir?
- Wieviel Zuneigung erhalte ich von meinem Partner?

Wie kann ich die Fragen auf mich übertragen? Was wird mir gezeigt?

- Wie verhalte ich mich mir und anderen Menschen gegenüber?
- Wie spreche ich mit und über mich selbst und andere Menschen?
- Wieviel Zeit widme ich mir und meinem Leben?

Die Fragen, die ich mir dann zu meinem körperlichen Zustand zusätzlich stellte, spülten so einiges an die Oberfläche: Wo in meinem Körper zeigt sich jetzt eine Empfindung, wie zum Beispiel Druck, Anspannung oder auch Enge? Spüre ich sie Im Magen, in der Brust oder im Hals? Oftmals sind wir hier auf der Spur einer verdrängten Wunde, die der Partner uns dann in seinem Verhalten aufzeigt. Das passiert auf unbewusster Ebene. Natürlich kann darüber diskutiert werden, ob ein Narzisst unbewusst oder bewusst agiert. Für mich war das irgendwann nicht mehr wichtig, sondern vielmehr, welcher Schmerz in mir ausgelöst wurde, der sich nach Erlösung sehnt.

Meiner Meinung nach liegt der Schlüssel, gesunde Beziehungen zu leben darin, dass wir damit anfangen, mehr Selbstliebe, Wertschätzung und Verantwortung für uns selbst zu praktizieren. Das bedeutet nicht, dass ich die Taten meiner Ex Partner verherrliche, sondern vielmehr, dass ich nur mein eigenes Verhalten beeinflussen kann. Es ist nicht zielführend, den äußeren Spiegel zu putzen, denn das liegt außerhalb meines Verantwortungsbereiches. Wenn mir mein äußeres Spiegelbild nicht gefällt, darf ich anfangen, meinen Spiegel glänzen zu lassen und gleichzeitig wird sich der äußere Spiegel verändern.

Schmerzlich berühren kann uns nur das, was wir in uns selbst noch verdrängen und ablehnen. Wichtig ist das dahinterstehende Gefühl zu erkennen, um es in Liebe anzunehmen und loszulassen.

Meine Beziehungen spiegelten mir, welche Beziehung ich zu mir selbst gepflegt habe.

Männer, die kein klares Commitment mir gegenüber ausgesprochen haben, durch Sätze wie „Ich bin noch nicht bereit" oder „Ich möchte nur was Lockeres", spiegelten meine persönlichen Anteile wider. Meine eigene Angst vor Nähe wurde mir in diesem Moment schmerzlich aufgezeigt. Selbst das Thema mit Falks Nachbarin Louise konnte ich für mich besser reflektieren. Ihr Verhalten war zum einen sehr grenzüberschreitend, was mir aufzeigte, dass ich es ebenfalls war. Zum anderen lehrte es mich, meine eigenen Grenzen in Zukunft besser zu schützen. Auch die ständigen Giftpfeile, die sie gegen mich richtete offenbarten, dass sie Angst hatte, Falk zu verlieren und somit spiegelte sie mir meine eigene Verlustangst wieder. Die symbiotische Beziehung zwischen den Dreien hatte mich zwar sehr geschmerzt, doch gleichzeitig schenkte sie mir so viele neue Einblicke über mich und rief so Heilung hervor. So begann ich, meine Beziehungen ehrlich und radikal zu reflektieren und das war ein Schlüsselerlebnis, was alles veränderte.

Wenn du tiefgreifende Veränderungen in deinem Leben und in deinen Beziehungen bewirken willst, ist es wichtig, dass du dir deiner Gedanken bewusst wirst. Bitte erinnere dich daran, dass deine Glaubenssätze eine enorme Macht haben und deine Realität formen. Alles, was auf die mächtigsten Worte **Ich bin** folgt, bestimmt dein Leben.

Täter-Opfer-Kreislauf verlassen - Wenn es mich meinen inneren Frieden kostet, dann ist der Preis zu hoch

Ich kenne kaum ein Thema, das so umstritten ist wie das des Täter-Opfer-Kreislaufes. Ich möchte dich bitten, das Buch für einen kurzen Moment auf die Seite zu legen und tief durchzuatmen, falls dich meine folgenden Worte triggern. Unter anderem ist der aufreibende Knackpunkt oftmals die Schuldfrage. Oberflächlich betrachtet liegt in toxischen Beziehungen die Schuld auf Seiten des Narzissten. Wie in meinem Fall hatten mich meine narzisstischen Ex-Partner emotional missbraucht und waren in meinen Augen die Täter und ich das Opfer.

Die Verantwortung für mich und mein Leben zu übernehmen, war für mich gleichbedeutend mit einem Schuldbekenntnis.

So ähnlich, wie: „Hätte ich keinen kurzen Rock getragen, wäre ich vermutlich nicht vergewaltigt worden". Dieser Satz ist ein harter Vergleich. Ich bringe ihn hier an dieser Stelle, um dir meine

Gedankengänge besser zu verdeutlichen. Ich hing ewig in dieser Ego-Falle fest. Mein Groll klebte an jeder Faser meines Körpers und von der Gesellschaft wurde meine Haltung stets bestätigt. Im Internet findet man immer noch verschiedene Beiträge über Narzissten, wohin das Auge reicht. Psychologen erklären das Krankheitsbild. Betroffene schütten ihr Herz aus. Manches Mal wird es ein richtiges Narzissten-Bashing. Ich verstehe, dass Betroffene einen Raum benötigen, an dem sie ihrem Schmerz Ausdruck verleihen können. Vielleicht werden sie dort nun endlich zum ersten Mal gesehen und gehört.

Doch wenn du ganz ehrlich in dich hineinhorchst, befreit es dich von deinem Groll und Zorn? Irgendwie nicht, oder?

Es verging nicht ein Tag, an dem ich meinem Groll entkommen konnte. Ich verfluchte meine Eltern so sehr für das, was sie mir angetan hatten. Meine Kindheit war geprägt von körperlicher und emotionaler Gewalt. Selbst den sexuellen Gelüsten meines Peinigers stand ich ohnmächtig gegenüber. Bis zu meinem elften Lebensjahr war ich Bettnässerin, denn der nächtliche Gang zur Toilette erwies sich als mein schlimmster Albtraum.

Was mich und meinen Körper lähmte, war der schwarze Mann, der mir auflauerte. Dieser löste Todesängste in mir aus. Mir Gehör zu verschaffen verschlimmerte die Situation, denn mir wurde eingeprügelt, dass ich krank sei und mir alles nur einbilden würde. Ja, ich war ein kleines unschuldiges Mädchen, doch ich verstand sehr wohl, dass irgendetwas nicht mit rechten Dingen zuging. Meine

Erinnerungen erloschen niemals wirklich. Ich hatte sie nur tief in meinem Unterbewusstsein verdrängt. Sie wurden jedoch nach und nach in meinen toxischen Beziehungen reaktiviert, da ich wieder ähnlichen Situationen und Gefühlen ausgesetzt war. Ich war in meiner Kindheit definitiv ein Opfer, doch nun weiter meinen Eltern die Schuld für meine misslungenen Beziehungen zu geben, erlöste mich zu keinem Zeitpunkt meines Lebens von meinem Schmerz.

Ein Teil meines Bewusstseins hing in der Vergangenheit fest. Dieser Anteil warf meinen Eltern vor, dass sie hätten anders handeln können und müssen. Er erteilte mir die Berechtigung, sie für immer schuldig sprechen zu dürfen. Dürfen schon, doch verhilft es mir zu meinem inneren Glück? Wie oft spielte ich in meinen Gedanken Erlebnisse meiner toxischen Beziehungen durch und machte mich selbst zur Täterin, weil ich mir nicht vergeben konnte, mich so mies behandelt haben zu lassen. Du siehst, wir sind das Opfer, aber auch gleichzeitig der Täter. Und so dachte ich: „In der Rolle des Opfers hatte ich als Kind keine Wahl. In meinen toxischen Beziehungen ebenfalls nicht. Aus heutiger Sicht gibt es für mich aufgrund meiner durchgemachten Erlebnisse keine Optionen, die mich aus dieser Haltung befreien könnten." Das war mein jahrelang aufrechterhaltenes Gedankengerüst, an das ich meinen Groll und Zorn festgebunden hatte. Es wäre mein gutes Recht gewesen, diese Haltung auf immer und ewig einzunehmen. Doch bestrafen würde ich damit keinesfalls die Täter, sondern nur mich selbst. Die Konsequenz daraus wäre ein Leben voller Schmerzen und ein Weg, der mich immer wieder in die Sackgasse führen würde.

All das Leid, das mir angetan wurde, hätte auch ein Richter mit Urteilsverkündung nicht auflösen können. Welche Schlüssel würde ich also benötigen, um mit meiner Vergangenheit Frieden schließen zu können?

Loslassen lebt von Liebe und nicht von Groll

Im Laufe meines Selbstheilungsprozesses erkannte ich, dass ich meiner Vergangenheit, einschließlich meiner Peiniger, durch meine Haltung immer noch Macht über mein Leben gab. Die Frage ist doch, wer oder was mich tatsächlich von meinem inneren Glück abhielt. Zu dem Zeitpunkt hatte ich weder Kontakt zu meinen Eltern, noch war irgendeiner meiner Ex-Partner anwesend. Meine selbsterschaffene Hölle fand in meinen Gedanken statt und mit jeder weiteren Verurteilung gegenüber meinen Peinigern und mir selbst schüttete ich weiteres Öl ins Feuer. Ich hatte es so satt und sehnte mich nach Erlösung. Es begann eine Reise in die tiefsten Abgründe meines Lebens und so nahm ich mir Zettel und Stift und fing an zu schreiben. Auf meinen Schreibtisch vor mich hin stellte ich ein Bild aus Kindheitstagen auf. Darauf zu sehen war ein kleines Mädchen von ungefähr zwei Jahren, das mit weit geöffneten Armen und strahlenden Augen durch die Welt lief. Mich berührte dieser Anblick so sehr, denn das unschuldige kleine Wesen kannte ich sehr gut. Ich kann nicht sagen, wie lange ich meiner kleinen Martina tief in die Augen schaute. Ununterbrochen liefen mir die Tränen über mein Gesicht und zum ersten Mal war ich in der Lage, meinen tiefsitzenden Schmerz zuzulassen.

Unter Tränen schrieb ich all das nieder, was mich schon so lange schmerzte.

- Was warf ich mir all die Jahre vor?
- Mit welchen Entscheidungen haderte ich?
- In welchen Situationen hätte ich meiner Meinung nach besser handeln können?
- Welche Situationen gab es, in denen ich andere Menschen verletzt hatte?
- Womit darf ich Frieden schließen und in die Vergebung gehen?
- Gegenüber welchen Personen verspürte ich inneren Groll und warum?
- Was hätten sie meiner Meinung nach besser machen sollen?
- Welche Auswirkungen hatten die Taten auf mein Leben?
- Welche Auswirkungen würde es für mein weiteres Leben haben, wenn ich weiterhin an meinem Groll festhalten würde?
- Bin ich bereit loszulassen?

Es tat so gut, mir selbst diesen Raum zu schenken, wo ich mich in meinem Schmerz fallenlassen konnte. Die Gefühle, die ich zuvor mühselig in die Verbannung geschickt hatte, kamen in geballter Ladung an die Oberfläche. Oh, was war ich wütend und gleichzeitig befreite es mich, meinen Vorwürfen eine Stimme zu verleihen. Endlich durfte alles raus und radikal ehrlich zu Papier gebracht

---

werden. Meine Verzweiflung und die tiefen Verletzungen wandelten sich zuerst in Mitgefühl, bis schließlich ein befreiendes Lachen aus meinem Mund schallte. Mein Brustkorb weitete sich. Zum ersten Mal konnte ich wieder durchatmen, rannte anschließend in meinem Garten und breitete meine Arme aus. Völlig losgelöst drehte ich mich immerzu im Kreis, bis ich glücklich zu Boden fiel und mich die Sonnenstrahlen wärmten. Es war so ein wunderschöner, befreiender Moment. Ich war bereit zu vergeben, denn ich verstand etwas Wichtiges. Das, was mir in meinem Leben passierte, ließ sich durch nichts auf der Welt mehr ändern. Vergebung war mein Schlüssel, um nicht länger im Gefängnis namens Vergangenheit dahinzuvegetieren. Ich wollte frei sein und akzeptierte so gut es ging die Dinge, die nicht mehr wandelbar waren.

Vergebung ist etwas, für das du dich nur entscheiden kannst, denn erzwingen funktioniert nicht. Es ist eine Einladung an dich, das gehen zu lassen, was dich vom Lieben abhält. Ich bin mir sicher, dass wir alle zu jedem Zeitpunkt unser Bestmögliches gegeben haben. Auch meine Eltern wollten das Beste, wenngleich sich das für mich niemals so angefühlt hatte. Eine Anleitung zum Elternsein hat niemand von uns mitbekommen. Nicht du und nicht ich.

Ich kann verstehen, dass es kritische Stimmen gibt, die sagen, meine Eltern müssen gewusst haben, was sie mir antun. Ich kann das weder mit „Ja" noch mit „Nein" beantworten, denn ich weiß nicht, wie krank sie tatsächlich waren. Letztendlich hilft es mir auch nicht, weiterhin an der These festzuhalten, dass sie mir absichtlich schadeten oder mich aus anderen Motiven heraus misshandelten.

Zwei Dinge brachten mich wirklich weiter: Das war zum einen meine Selbstreflektion und zum anderen, dass ich versuchte, mich auch in meine Eltern hineinzuversetzen. Ich war für ein paar Minuten das unschuldige kleine Mädchen, das meine Mutter gewesen sein muss und für ein paar Minuten der unschuldige kleine Junge, der sich mein Vater nannte. Ich versuchte mich in ihren Schmerz hineinzuversetzen, der sie zu dem gemacht hatte, was sie waren.

Natürlich lässt es mich das Geschehene niemals vergessen, doch das Mitgefühl mir selbst und auch meinen Eltern gegenüber half mir, meine alten Wunden zu heilen. Diese Erkenntnis war ein Geschenk für meine Heilung. Ich wollte nicht mehr mit einem Bein in der Vergangenheit bleiben. Ich wollte frei sein und dafür durfte ich zuerst mir und im weiteren Verlauf auch meinen Eltern vergeben.

In diesem Zusammenhang entschloss ich mich jedoch dazu, keinen Kontakt mehr zu meinen Eltern pflegen zu wollen. Auch, wenn ich mit ihnen und meiner Vergangenheit in Frieden bin, möchte ich die Beziehung nicht im Außen leben. Ich wurde in diesem Umfeld sehr krank und brauchte Jahrzehnte, um die Verletzungen zu heilen. Ich bin sehr glücklich, dass mir dieser Prozess gelungen ist. Außerdem bedeutet Selbstliebe auch darauf zu achten, mit wem man sich umgibt und ob derjenige einem guttut oder nicht. Es gehört zum Recht der Menschen, über ihre Verbindungen frei entscheiden zu dürfen.

Vor ein paar Tagen erreichte mich die Nachricht einer Zuhörerin meines Podcasts. Darin teilte sie mir eindringlich mit, dass das Verlassen des Täter-Opferkreislauf Quatsch wäre. Sie würde an der Haltung festhalten, dass sie das Opfer war. Ihre Worte waren voller Schmerz und Groll – das fühlte ich ganz deutlich. Sie ließ noch einige abfällige Kommentare über mich los und ich antwortete ihr: „Ich führe keine Kriege mehr. Nicht gegen meine Eltern oder Narzissten, noch gegen andere Menschen". Ihre Mail zeigte mir ganz deutlich, dass sie ihr Herz für die Vergebung noch nicht öffnen konnte und das war ihr gutes Recht. Für mich gilt jedoch, dass ich keine Kriege mehr führe. Der Preis dafür ist mir zu hoch.

Meine Gedanken

3

Kapitel 3: Aus emotionalen Abhängigkeiten lösen

Thesen:

- Die Verletzungen in einer Partnerschaft sind der Ausdruck des eigenen „verletzten Kindes:"
- Zur Schau gestellte Unabhängigkeit basiert oft auf nicht gelöster Bindungs- oder Verlustangst.
- Frauen daten im Prinzip ihren „Vater".
- Co-abhängige Frauen eignen sich nicht für Freundschaft Plus Beziehungen. Sie verlieben sich in den meisten Fällen.
- Sich unabhängig von einem Menschen zu machen ist ein wichtiger Schritt zur Selbstheilung.
- Auch Männer geraten an Narzisstinnen.
- Unreflektierte Beziehungen enden meist in einer toxischen Beziehung.
- Singlefrauen müssen sich damit abfinden, dass es „nicht verfügbare Männer" gibt.
- Unabhängigkeit in der Partnerschaft ist kein Zeichen von fehlender Liebe zum Partner.
- Wenn beide Partner bereit sind, an der Beziehung zu arbeiten, dann spielt das Tempo eine untergeordnete Rolle.

Woher kommt meine emotionale Abhängigkeit? Ich tue alles für ein bisschen Liebe

So schmerzhaft ich die Trennung von Falk jeden Tag spürte, so kraftvoll ging ich auch aus ihr hervor. Für mich stand fest, dass ich ab jetzt nur noch nach vorne schauen wollte. Ich war bereit, meinen neuen, ganz eigenen Weg zu gehen. Aus meinen alten Schuhen war ich, wie mir schien, längst herausgewachsen. Viele Themen hatte ich nun bereits in der Vergangenheit angeschaut und aufgelöst, doch es stand mir noch Einiges bevor.

Schon während meiner toxischen Beziehungen fragte ich mich immer wieder, was mich dazu brachte mich selbst vollständig aufzugeben, sobald ein Mann an meiner Seite war. Woher kam die Sucht, mich zwanghaft um meinen Partner kümmern zu wollen, statt einfach mal das zu tun und durchzusetzen, was mir selbst entsprach? Woher kam meine regelrechte Panik, verlassen zu werden und warum war ich nicht in der Lage, für mich und meine Bedürfnisse einzustehen? Was war die Ursache? Nach meinen toxischen Beziehungen hatte ich übersehen, mich weiter mit diesem Thema zu beschäftigen. Vielleicht war es auch nicht der richtige Zeitpunkt, weil ich mich unbewusst noch dagegen wehrte. Die Beziehungen, die ich mit Falk und all meinen vorherigen Partnern erlebt hatte, ließen meine Ur-Ängste nach oben schwappen. Ich war jetzt in einem Entwicklungsstadium, dass mich dazu befähigte, mir auch diesen Hintergrund anzuschauen und mich erneut meinen Dämonen zu stellen.

Meine emotionale Abhängigkeit entstand schon in frühester Kindheit. Egal, wie sehr ich mich zu Hause anstrengte, um keine Bestrafung in Form Prügel, Verachtung und Beschämung zu erfahren, ich machte es nicht richtig. Nur wenn ich mich komplett verleugnete, indem ich besonders lieb und artig war, konnte ich den Schlägen auf meinen Kopf und meinen Leib einigermaßen entkommen. In solchen Momenten gab es auch hin und wieder Lob. Meine Eltern setzten Zuckerbrot und Peitsche gekonnt ein, um ihre Macht über mich zu verdeutlichen. Sicher fühlte ich mich in keiner Sekunde, denn was in dem einen Moment noch gut war, eskalierte schon kurz danach. Ich kann mich noch sehr gut an eine Situation erinnern, als ich gerade einmal vier Jahre alt war. Voller Freude nahm ich mir vor, schöne Anziehsachen aus dem Kleiderschrank herauszusuchen. Ich war ja schon so ein großes Mädchen und wollte das unbedingt alleine schaffen. Es fiel mir schwer, mich für etwas Schönes zu entscheiden und so breitete ich den Inhalt meines Schrankes auf dem Boden aus.

Plötzlich hörte ich, wie die Zimmertür aufgestoßen wurde und meine Mutter wutentbrannt hereinstürmte. Sie schrie mich an wegen der Unordnung und prügelte wie verrückt auf mich ein. Es war ein so furchtbarer Moment. Als sie schließlich von mir abließ, weinte ich bitterlich in der hintersten Ecke meines Zimmers. Solche Momente, in denen ich wirklich nichts Böses im Sinn hatte und bestraft wurde, standen in Regelmäßigkeit auf der Tagesordnung.

Sobald Tränen flossen, wurde ich dafür lautstark ausgelacht und abgewertet und mein Überlebensinstinkt, das im Stammhirn angelegt ist, handelte in dem Moment zu meinem Besten. Seither unterdrückte ich so gut es ging meine Gefühle und meine kindlichen Bedürfnisse sprach ich schon lange nicht mehr aus. Denn egal, was ich auch tat oder aussprach, es hatte folgenschwere Konsequenzen. Selbst wenn ich nur Tom und Jerry, meine Lieblingsserie, sah und sichtlich Spaß hatte, ermahnte mich mein Vater, dass ich gefälligst nicht so laut lachen solle. Egal, was ich tat, es war immer falsch. War ich fröhlich, wurde ich abgewertet und bestraft und funktionierte ich in ihren Augen nicht, wurde ich ebenfalls bestraft. Ich tat alles, was mir möglich war, bis hin zur Abspaltung meiner Selbst, um mein Überleben zu sichern. Wie es sich anfühlt, als Kind geliebt zu werden, habe ich niemals erfahren. Das kleine Mädchen, das ich war, musste so viele Dinge tun, um nicht bestraft zu werden.

Ich höre noch heute den Gürtel, der über meinen Rücken peitscht, doch den Schmerz fühle ich schon lange nicht mehr. Reglos ließ ich es über mich ergehen, wenn mein Vater all seinen Zorn und seine Wut an mir ausließ. Von all meinen Familienmitgliedern erfuhr ich Ablehnung. Sogar meine Großeltern väterlicherseits ließen mich ihren ganzen Hass spüren.

An einem Spätsommertag – ich habe noch alle Bilder vor mir – feierte die Kleingartenkolonie ein Sommerfest. Es fand jedes Jahr statt und ich liebte es als Kind so sehr. Wir schmückten den Garten meiner Eltern mit den schönsten Laternen und ich freute mich schon auf den Laternenumzug, der in der Abenddämmerung stattfinden sollte. Ich wollte noch schnell von meiner Kindercola trinken, die auf dem Tisch stand, um dann loszumarschieren. Tausende von Schutzengeln müssen bei mir gewesen sein, denn ich bemerkte kleine blaue

Kügelchen in meinem Getränk. Im Glas befand sich Rattengift, wie mir meine Mutter später aufgebracht mitteilte. Wer mir das Zeug dort hineingetan hatte, ließ sich nie aufklären, auch schien sich nie jemand intensiv damit zu befassen und den unfassbaren Vorfall aufklären zu wollen. Für mich war es eine erneute Bestätigung, dass ich unerwünscht war und ich vermute bis heute, dass es ein Familiengeheimnis gibt, dass ich niemals herausfinden soll.

„Zigeunerkind", war ein Wort, dass ich immer wieder aus dem Mund meines Vaters hörte. Wenn ich ein braves Mädchen war, das niemanden Kummer bereitete, bekam ich Zuwendung von meiner Mutter. Sobald mein Vater einen über den Durst trank, was nicht selten passierte, flogen bei uns die Fetzen. Meine Eltern bewarfen sich und uns sogar mit schweren Gegenstände, mit denen man sich hätte schwer verletzen können. Mein Zufluchtsort war mein Schreibtisch im Kinderzimmer, unter dem ich mich versteckte. Ich verspürte Todesängste, denn ich wusste nie, welche Konsequenzen es für mich haben würde, sobald meine Eltern auf sich losgingen. In regelmäßigen Abständen, meist zum Wochenende hin, prügelten sie sich. Dabei geriet ich immer wieder in ihr Schussfeld.

Entweder riss meine Mutter an meinen kleinen Ärmchen, um mit mir vor meinem Vater zu flüchten oder sie verschwand alleine. Vor wem ich mehr Angst hatte, kann ich nicht mal sagen, denn beide Elternteile waren unberechenbar. Ich beneidete die Kinder aus meiner Klasse, denn bei ihnen wirkte zu Hause alles so liebevoll und harmonisch. In der Grundschule war ich eine Musterschülerin und verbuchte jedes Jahr den Status, Klassenbeste zu sein. Es gab ein

Battle zwischen einem Mitschüler und mir, wer die besseren Noten schreiben würde und unsere Mütter stachelten uns nicht nur an, sondern stritten auch untereinander. Dadurch wuchs mein Druck, in allen Lebensbereichen abzuliefern, von Tag zu Tag. Ich musste brav, angepasst und die beste Schülerin sein. Ich sollte die geduldige Zuhörerin meiner Mutter sein, die regelmäßig ihre Probleme bei mir ablud. Gleichzeitig war ich der Prellball für die ausgelebten Aggressionen meiner Eltern. Sobald ich meine Donald Duck Bücher las, konnte ich für Momente in andere Welten abtauchen. So gingen die Jahre ins Land und aus einem fröhlichen Mädchen wurde eine junge Frau, die sich nichts sehnlicher wünschte, als so schnell wie möglich das Elternhaus zu verlassen. Fast jedes Wochenende stand die Polizei bei uns im Wohnzimmer, um Eskalationen zwischen meinen Eltern entgegenzuwirken. Meine verzweifelten Worte, dass sie mich bitte in ein Heim unterbringen mögen, wurden immer überhört. Die Polizei – „mein Freund und Helfer" – das gab es für mich nicht.

Ich danke heute noch dem lieben Gott, dass ich Theo in meiner Jugendzeit begegnete. Er war mein erster Freund und im weiteren Verlauf auch Ehemann und Vater meiner Tochter. Theo war bedingungslos an meiner Seite und rettete mir mein Leben in den schwersten Kämpfen mit meinem Vater. Wie auch an diesem Tag. Ich habe ihn noch genau vor mir: Es ging so schnell und Theo konnte die Eskalation nicht aufhalten. Mein Vater ging mal wieder auf mich los. Ich weiß nicht mehr genau, wie alles passierte. Ich sehe mich nur noch durch diese Glastür fliegen und danach blutüberströmt zu Boden fallen. Es ging alles wahnsinnig schnell. Theo war zwar anwesend, hatte aber keine Chance gehabt, mich aus der Eskalation herauszuholen. Mein Vater versuchte jegliche Rettungsversuche zu verhindern. Theos einzige Möglichkeit war, meinem Vater einen heftigen Faustschlag ins Gesicht zu verpassen und ihn dadurch außer Gefecht zu setzen. Nun konnte ich erstversorgt werden. Theo rief außerdem den Krankenwagen. Nach diesem Vorfall war es endgültig vorbei. Als ich das Krankenhaus wieder verlassen durfte, fuhren Theo und ich noch einmal zu meinem Elternhaus. Ich packte das Nötigste. Theo hatte mich gerettet. Wir bezogen kurz darauf unsere erste gemeinsame Wohnung. Achtzehn Jahre voller Gewalt und Demütigungen fanden ein Ende.

Auswirkungen meiner emotionalen Abhängigkeit auf meine Beziehungen

In der Beziehung zu Theo verspürte ich keinerlei Abhängigkeit, die in irgendeiner Form unsere Beziehung belastete. Ich fühlte mich das erste Mal sicher. So gingen die Jahre ins Land und unsere Beziehung plätscherte so vor sich hin. Nach Jahren der Gewohnheit verließ ich ihn, um die Welt der unbekannten Möglichkeiten zu erkunden. Mir fiel auf, dass ich sehr gutgläubig durch die Welt ging und zu jedem Mann, der mir begegnete, sofort eine emotionale Bindung aufbauen wollte. Selbst wenn es völlig unangemessen war, konnte ich keine eigene Grenze ziehen oder wahren. In den nacheinander folgenden toxischen Beziehungen erlebte ich mich als eine Frau, die ständig für meinen Partner da war und sich um ihn sorgte. Für meine Freunde hatte ich grenzenlos Zeit, immer ein offenes Ohr und war somit sehr beschäftigt. Über meine eigenen Wünsche und Träume konnte ich nicht viel sagen, denn mir war es wichtiger, dass alle anderen um mich herum gut versorgt sind. Ich wusste sehr wohl, wie sich mein Partner fühlte, was er brauchte oder welche Erwartungen er an mich stellte. Er musste es noch nicht mal kommunizieren, denn ich hatte durch meine Erfahrungen in der Kindheit sehr fein ausgerichtete Sensoren, die kleinste Veränderungen bemerkten. Um Konflikten aus dem Weg zu gehen, passte ich mich jeder Situation an, nur um wieder Harmonie herzustellen. Darüber hinaus vernachlässigte ich mich und meine Bedürfnisse, sobald sich ein Mann für mich interessierte. Es entstand ein Teufelskreis, in den ich mich immer weiter verwickelte.

Kritisch wurde es, wenn es enger als ein One-Night-Stand wurde. Denn dann gab ich nach und nach meine Identität auf und nahm stattdessen die Verhaltensweisen und Eigenschaften meines Partners an. Ich trank zu viel Alkohol, um nicht als uncool abstempelt zu werden. Ich aß zu viel, hörte die gleiche Musik wie er, jammerte, lästerte und ließ mich in den Sog seiner Negativität mit hineinreißen. Meine Intention dahinter war für mich eindeutig erkennbar: Ich wollte ihn in seinem Unglück nicht alleine lassen. Bereits als kleines Mädchen hatte ich gelernt, meine Mutter auffangen zu müssen. Das Muster des selbstlosen Mädchens, dass sich als Abladeplatz missbrauchen ließ und im Inneren darüber grollte und darunter litt, lebte ich nun auch in meinen Partnerschaften.

Ich richtete mein ganzes Leben nach meinem Partner aus. Ich empfand die Beziehungen als absolut unberechenbar, wie ich meine Eltern in meiner Kindheit empfand. Ich hatte kein Selbstbewusstsein, kein Urvertrauen und keine Zuversicht. Rief mich mein Partner nicht zum verabredeten Zeitpunkt an, verfiel ich in Panik. Ich dachte entweder, dass ihm etwas zugestoßen war oder noch wahrscheinlicher, dass er mich bereits verließ. Termine mit Freunden sagte ich konsequent ab, wenn mein Partner plötzlich andere Pläne hatte und ich in ihnen vorkam. Er und sonst niemand. Für mich hatte mein Leben nur mit ihm einen Sinn. Ich war mir sicher, ohne ihn nicht existieren zu können. Die Bestätigung, dass er mich noch liebte, brauchte ich quasi rund um die Uhr. Dass ich mit meiner Unsicherheit jeden Partner in die Flucht schlagen würde, war mir nicht klar. Aus heutiger Sicht spielt es auch keine Rolle mehr, welchen Stempel (beispielsweise den eines Narzissten) mein Partner nun trug, denn meine Abhängigkeit war und ist einzig und alleine mein Problem.

Hinter all meinen destruktiven Verhaltensweisen steckte die Angst, verlassen zu werden. Um diesen Schmerz zu umgehen, kontrollierte ich innerhalb der Beziehungen alles Mögliche. Ich selbst redete mir das schön mit der Ausrede: „Ich meine es doch nur gut.“. Es waren meine Schuldgefühle, die mich dazu antrieben, die unmöglichsten Dingen zu tun. Für meinen Partner oder auch für andere rund um die Uhr zur Verfügung zu stehen, gab mir ein gutes Gefühl. Gleichzeitig beschwerte ich mich, wenn man sich nicht so aufopfernd um mich kümmerte. Zu keinem Zeitpunkt war ich in der Lage klar und deutlich meine Bedürfnisse oder Wünsche zu äußern. Stattdessen erwartete ich, dass mir jeder Wunsch von den Augen abgelesen wird.

Ein Erwartungsdruck, den kein Partner der Welt tragen oder erfüllen kann, abgesehen davon, dass es auch nicht deren Job ist.

Verlustangst - Ich kann nicht ohne dich leben

Meine Verlustangst zeigte sich mit den unterschiedlichsten Gesichtern. Mal kam die Eifersucht zum Vorschein, bei meinem Partner nicht die Nummer eins zu sein. Mal setzte mir die fehlende Bestätigung zu, die mir versprach, noch geliebt zu werden. Ich hatte ja schon früh in meiner Kindheit gelernt, nicht um meiner Selbst geliebt zu werden. Meine Mutter gab mich nach der Geburt für mehrere Tage ab und das nur, weil ich ein Mädchen geworden bin. Man könnte jetzt denken, dass ich noch zu klein war, um daraus eine tiefgehende Verlustangstangst zu entwickeln, doch das Band zwischen Mutter und Tochter entsteht ja nicht erst bei der Geburt. Immerhin trug sie mich neun Monate unter ihrem Herzen. Außerdem sind die ersten Jahre für den Aufbau von Geborgenheit, Sicherheit und Vertrauen enorm prägend. Ist der permanente Kontakt zu wenigstens einer Bezugsperson nicht gegeben, entwickelt ein Kind das Gefühl des Nicht-Angebunden-Seins und eben der Verlustangst.

Dadurch, dass mein Vater dem Alkohol verfallen war, bemühte sich meine Mutter ununterbrochen darum, seine Sucht zu kontrollieren. Meine Bedürfnisse blieben dabei unbeachtet. Die damalige Generation erzog ihre Kinder sowieso eher zu kleinen Soldaten/innen und die natürlichen Bedürfnisse des Babys wurden oftmals erst nach einer langen Phase des Schreiens gestillt. Argumentiert wurde, dass das Baby spüren müsse, dass es mit seinem Willen so nicht durchkommen würde. Die Not hinter dem verzweifelten Schreien des Babys wurde nicht erkannt. Es ging um reines Machtgehabe. Die absurdeste Ausrede meiner Mutter und anderer Verfechter dieser Methode in dieser Zeit war, dass Schreien die Lungen stärken würde. In solchen Momenten, wo das Baby auf sich aufmerksam macht und niemand kommt, um es zu trösten, fühlt sich ein Kind verlassen und kämpft ums nackte Überleben.

Im weiteren Verlauf meiner Kindheit gab es viele Situationen, die meine Verlustangst nur noch verstärkten. War ich in den Augen meiner Eltern unartig und gehorchte ihnen nicht, bestraften sie mich mit Liebesentzug, der sich auch schon mal mehrere Tage hinziehen konnte. Ich bettelte und flehte sie an, mich wieder zu sehen und mit mir zu sprechen, doch sie hielten an ihrer Bestrafung fest. Mit ungefähr sieben Jahren erlebte ich dann einen traumatischen Moment, der mir durch Mark und Bein ging. Schon am Abend zuvor stritten meine Eltern lautstark miteinander und es flogen wieder irgendwelche schweren Gegenstände umher. Ich lag in meinem Bett und zitterte am ganzen Körper, denn meine Mutter schrie um ihr Leben. Das gesamte Ausmaß war für mich nicht greifbar, denn ich war einfach viel zu klein. Am nächsten Morgen rief ich verzweifelt nach meiner Mama, die nirgends aufzufinden war. Alle Zimmer waren leer, nur mein Vater saß auf der Couch und sagte mit wütender Stimme, dass meine Mutter fort sei. Sie hatte einen Abschiedsbrief hinterlassen, in dem stand, dass sie das Leben so nicht mehr leben könnte und ich niemals vergessen solle, dass sie mich liebt.

Aus ihrem Mund hörte ich die Worte nie, noch nicht einmal, dass sie mich lieb hatte.

Die nächsten Stunden fühlten sich an wie eine Ewigkeit und mein Vater unternahm auch nichts, um nach meiner Mutter zu suchen. Stattdessen öffnete er sich das nächste Bier und befahl mir, ins Zimmer zu gehen. In dem Moment hatte ich das Gefühl, keine Luft mehr zu bekommen. Irgendwann am späten Abend kam meine Mutter wieder heim und natürlich war ich erleichtert. Niemals wurde über diesen Tag gesprochen. Alles lief weiter, wie bisher. Auch dieses Erlebnis hatte Auswirkungen auf mich und meine späteren Beziehungen.

So dachte ich immer, ich würde sterben, wenn sich ein Beziehungsende anbahnte. Ich klammerte mich verzweifelt an meinen Partner, bettelte und kämpfte an allen Fronten, um eine Trennung zu umgehen. Trat sie dennoch ein, glaubte ich an dem Trennungsschmerz zu sterben und innerlich fühlte ich auch diese Leere in mir, als wäre tatsächlich ein Teil abgetötet worden. Tage- und wochenlang erlebte ich mich als Sterbende, die nicht mehr fähig war, ihr Leben irgendwie auf die Reihe zu bekommen. Erst nach der Trennung von Falk war ich in der Lage, die Verbindung zwischen meinen frühen und immer wiederkehrenden Erfahrungen des Verlassenwerdens und meinen Ängsten innerhalb meiner Liebesbeziehungen zu erkennen.

Je mehr ich mir darüber bewusst wurde, umso klarer konnte ich sehen, wie ohnmächtig ich als erwachsene Frau durch das Wiedererleben meiner Kindheitserfahrungen in solchen Situationen war.

Heute weiß ich, dass ich sehr wohl in der Lage bin, ohne einen Partner durchs Leben zu gehen. Diese Einsicht war für mich sehr wichtig, denn zuvor fehlte mir dieses (Selbst-)Bewusstsein. Nun ergab so vieles einen tieferen Sinn. Meine Beziehungen, die immer wieder zu Herzschmerz führten, wurden vorranging von meinem verletzten kindlichen Anteil geführt. Die unbewussten Programme, die in mir abliefen, dienten zum Schutz, meine Wunden des Verlassenwerdens nicht zu spüren. Nicht bei jedem Menschen, der Verlustangst spürt, muss ein traumatisches Erlebnis dahinterstecken. Es kann sein, dass bestimmte Umstände den Fluss an Zuwendung deiner Eltern unterbrochen haben. Vielleicht gab es einen längeren Krankenhausaufenthalt in deiner Kindheit oder deine Eltern erlebten beunruhigende Momente, die ihre emotionale Verfügbarkeit einschränkten. Gab es durch die Geburt eines Geschwisterchens weniger Aufmerksamkeit? Es kann sehr nützlich sein, möglichst viel über deine Kindheit in Erfahrung zu bringen. Gibt es Fotos, die Erinnerungen an deine Kindheit aufleben lassen können oder besteht die Möglichkeit, anderen Familienmitgliedern Fragen zu stellen?

Im Hinblick auf deine eigene Kindheitsgeschichte kann es dir weiterhelfen, die Bereiche zu finden, in denen du um dein Überleben fürchtetest. Solltest du trotz intensiver Suche keine Antworten finden, reicht es aus, sich auf die wesentliche Tatsache zu konzentrieren. Die Beendigung einer gegenwärtigen Beziehung stellt in Wahrheit keine Bedrohung für dein Leben dar. Es fühlt sich nur so an, da die Gefühle aus der Zeit deiner Kindheit neu entfacht worden sind. Sich darüber bewusst zu werden erweitert die Fähigkeit, besser mit Trennungen und dem damit einhergehenden Verlust umzugehen. Als Baby und kleines Kind war die Zuwendung deiner Mutter überlebensnotwendig. Ein Vater oder andere Bezugspersonen, die sich mit dir beschäftigten, konnten dir im Idealfall beibringen, dass deine Mutter nicht die einzige Überlebensquelle deiner Existenz war.

Fallbeispiel aus meinem heutigen Coaching-Alltag:

Lara war eine Frau in den Dreißigern und suchte entmutigt meine Unterstützung. Ihre Beziehungen zu Männern blieben nie von langer Dauer. Meistens nahmen die Männer schnell Reißaus, da sie in ihren Augen zu viel von ihnen verlangte. Nicht nur in den Partnerschaften verhielt es sich so, auch mit ihren Freundinnen kam es immer wieder zu Unstimmigkeiten. Es gab eine Mädels-WhatsApp-Gruppe, in der regelmäßig Bilder und Erlebnisse ausgetauscht wurden. Postete sie etwas in die Gruppe, blieb dieses häufig unkommentiert, was sie sehr verletzte.

Als wir ihre persönliche Geschichte einmal genauer beleuchteten, wurde deutlich, dass Laras Mutter in ihrer Kindheit schwer erkrankte und auf Laras Existenz kaum Reaktionen zeigte. Das löste bei dem kleinen Mädchen einen tiefen Schmerz aus, der nun durch die Mädels-WhatsApp-Gruppe angetriggert wurde.

Menschen, die wie ich einst in Co-Abhängigkeit lebten, kennen diesen Dämon der unbeschreiblich großen Verlustangst. Diese entsteht nicht, wie schon beschrieben, durch die toxische Beziehung. Sie darf sich nur hier wieder zeigen. Sie beschreibt eine ganz alte Wunde von uns, die vermutlich in frühesten Kindertagen entstand. Die unbearbeitete Verlustangst führt dazu, dass Betroffene ihre Existenz von einer bestimmten Person – dem Partner – abhängig machen. Dies hat einen hohen Preis, denn keine Beziehung kann die Last auf Dauer tragen und über kurz oder lang entsteht dadurch erneut die Gefahr einer Trennung.

Die Konsequenz wäre eine wiederkehrende Bedrohung des Überlebens.

Jede Ursache hat eine Wirkung und jeder Wirkung geht eine Ursache voraus. Es ist enorm wichtig, das zu verstehen.

In meinem Fall war es so, dass ich von einer Beziehung in die nächste sprang. Ich hatte das Gefühl, das Alleinsein nicht aushalten zu können. Lieber blieb ich in Beziehungen, die mir sichtlich schadeten, als meinem Gefühl des Nicht-Seins gegenüberzustehen. So klammerte ich mich an Personen ohne Rücksicht auf mich und meine Bedürfnisse und ob diese überhaupt zu mir passten oder nicht. Ich brauchte jemanden, der sich um mich kümmerte und mich hielt wie das kleine Mädchen, das damals um sein Überleben fürchtete.

Durch die Trennung von Falk konnte ich zum ersten Mal den Schrecken meiner Kindheit begegnen. Es war der verletzte Anteil in mir, der hungrig nach Zuneigung war und dennoch spürte ich, dass ich durchaus in der Lage war, die Trennung zu überleben. Ich besaß alles, wenn auch noch nicht vollständig ausgereift, was ich benötigte, um ins Leben zurückzufinden. Mut, Entschlossenheit und die Fähigkeit, meine Ängste zu überwinden gaben mir die Kraft, diese Themen weiter anzugehen. „Ich sterbe nicht, wenn ein Mensch aus meinem Leben geht", war eine wichtige Erkenntnis in dieser Zeit, um mich wieder zu spüren.

Emotionale Abhängigkeiten lösen - Ich bleibe bei mir und lasse deins bei dir

In all meinen toxischen Beziehungen zeichnete sich ein ganz bestimmtes Muster von mir ab. Es war nicht meine große Liebe zu dem anderen, die mich davon abhielt, meinen Partner zu verlassen. Es war vielmehr meine Schwäche, meine Angst mir selbst gegenüber, die mich in diesen toxischen Beziehungen ausharren ließ und mich weiterhin mit falscher Hoffnung fütterte. Ich täuschte mir eine Welt vor, die nicht existierte. Um zukünftig nicht mehr in die Falle meiner Selbsttäuschung zu geraten, war es zuerst einmal wichtig, mehr Klarheit zu erhalten.

In meinen Beziehungen täuschte ich mich selbst über die Tatsache hinweg, dass meine Partner zu keinem Zeitpunkt ernsthafte Veränderungen anstrebten. Ich hielt mich davon ab, Konsequenzen zu ziehen, indem ich mir immer wieder einredete, dass doch noch alles gut werden würde. Viel zu oft setzte ich ein Ultimatum, auf das meine Partner keinerlei Reaktionen zeigten. Da ich die gesetzte Frist sowieso verstreichen ließ und nichts unternahm, gab es auch keinen Handlungsdruck für sie.

In den Momenten, in denen ich manipuliert wurde, indem mir ein paar Krümel zugeworfen wurden, idealisierte ich meine Partner noch immer.

Es muss klar sein, dass es sich in diesen Beispielen um reine Selbsttäuschung handelte, die mit Liebe rein gar nichts zu tun hatte. Es war für mich immens wichtig zu erkennen, dass mein Hunger und Durst nach Zuneigung mich in entwürdigenden Beziehungen bleiben ließen. Meine Einsicht konnte mich nun darin unterstützen, zukünftig die Wiederholung toxischer Beziehungen zu vermeiden. Ich war nicht mehr das kleine Mädchen, das davon abhängig war, die Bestätigung meiner Existenz durch einen Partner zu erfahren. Auch ich habe das Recht auf einen Partner, der liebevoll und beständig an meiner Seite ist. Doch wenn ich mich immer mit weniger zufrieden gebe, bleibt mir dieses Recht vorenthalten.

Es war ein echter Lichtblick zu erkennen, mit wie wenig ich mich all die Jahre zufriedengegeben habe. Es fiel mir wie Schuppen von den Augen, dass ich bestimmte Liebespartner in der Vergangenheit nur gewählt hatte, da sie einem ganz bestimmten Muster folgten. Zum einen wollte ich meine Partner retten, wie ich es auch schon als Kind mit meiner Mutter versucht hatte und zum anderen die unbeantwortete Vaterliebe in meinen Partnern finden. Die Verletzungen in einer Partnerschaft sind der Ausdruck des eigenen „verletzten Kindes".

Zu erkennen, wie selbstzerstörerisch es sein kann, wenn wir unsere Bedürfnisse, Gefühle und Verhaltensmuster auf die Gegenwart übertragen, ist ein wichtiger Schritt, um Abhängigkeiten aufzulösen.

Erst jetzt öffneten sich für mich Türen, die es zuließen, die kleine verletzte Martina vollständig zu sehen. Gleichzeitig konnte ich auch die kleinen verletzten Jungen in meinen Partnern sehen. Das, was geschehen war, ließ sich durch diesen neuen Blick nicht rückgängig machen, doch ich spürte, dass weitere Heilung durch die Zellen meines Körpers fließen konnte. Es hatten sich zwei verletzte Kinder in erwachsenen Körpern getroffen, die jeweils ihre Wunden der Vergangenheit auf den anderen projizierten. Für meine Genesung brauchte es enorm viel Mut, noch tiefer hinter die verborgenen Schatten meiner Selbst zu schauen.

Meine Bedürfnisse und Gefühle konnte ich in der Vergangenheit nicht klar benennen, denn ich hatte kaum einen Bezug zu meinem Innersten. Das wollte ich ändern und nahm mir ab diesem Moment jeden Tag zehn Minuten Zeit, in denen ich ungestört war. Es war die Zeit, in der ich meine gesamte Aufmerksamkeit darauf richtete, was ich in diesem Augenblick brauchte und vor allem fühlte. Es fiel mir am Anfang sehr schwer, meine Gefühle zu benennen und der Stimme meiner Bedürfnisse zu folgen. In meiner Kindheit wurde ich dahingehend erzogen, dass Kinder keinen Willen haben dürfen.

Wünsche seien egoistisch und somit lernte ich, die Wahrnehmung für meine eigenen Wünsche zu unterdrücken.

Von nun an wollte ich meinem wünschenden Ich viel mehr Aufmerksamkeit schenken. Selbstverständlich konnte ich nicht jedem Wunsch nachkommen, doch unter Berücksichtigung aller Aspekte meines Lebens führten meine Körperwahrnehmung und das bewusste Erleben meines Zustands und meiner Bedürfnisse zu einem stabileren Zentrum meiner Selbst.

Die Trennung von Falk war ein großes Geschenk für mich, auch wenn ich noch sehr unter dieser litt.

Nur dadurch öffnete sich ein Raum in mir voller Mitgefühl und zum ersten Mal war ich mir so nah, wie niemals zuvor.

Ab heute nehme ich mein Glück selbst in die Hand

Ich wollte den Kampf um halbherzige Liebe beenden und die volle Verantwortung meines verletzten inneren Kindes übernehmen. Tagtäglich beschäftigte ich mich mit meiner kleinen Martina, indem ich in eine kurze Meditation ging. Ein Bild aus Kindheitstagen hielt ich in dieser Zeit in meinen Händen und fragte mich, das kleine Mädchen:

- Wie fühlst du dich gerade?
- Was brauchst du gerade?
- Worauf hast du gerade Lust?
- Welchen Wunsch hast du gerade?

Es fiel mir nicht leicht, sofort eine Verbindung zu meiner Kleinen aufzubauen, doch mit der Zeit wurde ich besser darin.

Wenn ich mich zum Beispiel einsam fühlte oder sehr traurig war, ging ich ebenfalls in die kurze Meditation und befragte mein kleines Mädchen:

- Was macht dich gerade so traurig?
- Erinnert dich deine Einsamkeit an eine Situation aus der Vergangenheit?
- Kann ich gerade etwas für dich tun?

Mir hat es sehr geholfen, die volle Verantwortung für den verletzten Anteil in mir zu übernehmen. Es wurde mir außerdem klar, dass ich mich niemals mehr auf etwas Lockeres einlassen wollen würde. Das Risiko, mich wieder in Herzschmerz-Dramen zu verlieren, war mir eindeutig zu groß. Ich habe festgestellt, dass Frauen, die sich immer wieder in Abhängigkeitsbeziehungen erlebt haben, für etwas Lockeres ungeeignet sind. Sie verlieben sich sehr häufig nach erlebtem Sex und das nächste Fiasko lässt dann nicht lange auf sich warten. Zahlreiche Coaching-Teilnehmerinnen bestätigten mir meine These. Aber wie gesagt, es ist nur meine Wahrheit. Wir müssen uns einfach damit abfinden, dass es auch weiterhin NICHT VERFÜGBARE MÄNNER geben wird und es nicht unsere Aufgabe ist, sie zu retten. Es sind ihre Muster, die sie für sich lösen müssen, denn wir haben lediglich die Funktion der liebenden Frau, nicht die der Therapeutin.

Unreflektierte Beziehungen enden nach meiner Erfahrung und der meiner Coachees meist in toxischen Beziehungen.

Wenn jedoch beide ernsthaft bereit sind, an der Beziehung zu arbeiten, vielleicht mit Unterstützung einer Paartherapie, kann die Beziehung eine neue Ebene erreichen. Das Tempo spielt in dem Fall eine untergeordnete Rolle, denn es wird mit dem notwendigen Willen immer ein Vorankommen geben. Doch wie in meinem Fall, in dem es sich immer um reine Abhängigkeitsbeziehungen handelte und die Partner nicht bereit waren, an sich und ihren Mustern zu arbeiten, war Hopfen und Malz verloren und da half mir nur das Loslassen.

Mein nächster großer Sprung in meine emotionale Freiheit stand unmittelbar bevor.

Wie du weißt, glaube ich nicht an Zufälle und es fällt einem nur das zu, was längst fällig ist.

Schon seit Tagen wurden mir Beiträge auf allen möglichen sozialen Plattformen angezeigt, worauf Akademien unterschiedliche Fernstudiengänge anboten. Ich spürte in mir einen erhöhten Herzschlag und die totale Euphorie, denn schon länger schwirrte in mir der Gedanke herum, mich für einen Studiengang zu bewerben.

Ob ich das schaffen würde? Immerhin übernahmen meine Ex-Partner ansonsten wichtige Entscheidungen. Doch ich lechzte förmlich nach Veränderung. Mein altes Leben ödete mich einfach nur noch an. Gesagt, getan und es brauchte nur noch wenige Tage, bis meine Unterschrift ein Fernstudium als psychologische Beraterin besiegelte. Die Jahre, in denen ich mal mehr und mal weniger an meinen Themen arbeitete, zahlten sich nun aus. Ich fühlte mich stärker, denn ich verließ zum ersten Mal und zwar ganz bewusst meine Komfortzone. Was mich erwarten würde wusste ich nicht, doch meine Motivation und meine Zuversicht auf eine bessere Zukunft waren mein innerer Treibstoff.

Einige meiner Freunde waren sichtlich verunsichert, denn aus einem Partygirl wurde eine Frau, die bereit war, zu neuen Ufern aufzubrechen. Es verlangte auch einiges von mir ab, meinen Freunden meine Bedürfnisse und Ambitionen mitzuteilen. Dadurch, dass ich täglich die Verbindung zu meiner kleinen Martina aufnahm, ließen die Dramen im Außen nach. Es wurde deutlich ruhiger in meinem Leben. Zusätzlich übte ich mich täglich darin, meine Grenzen und Bedürfnisse auf der Arbeit zu kommunizieren. Dabei stieß ich auf sehr viel Widerstand. Mir drohte die Kündigung, doch ich hielt daran fest, endlich für mich einstehen zu dürfen. Du kannst sicherlich erahnen, wieviel Kraft und Überwindung es mich kostete, nicht umzukippen und in alte Muster zu fallen. Stattdessen suchte ich mit Vorgesetzten Gespräche, um nach Lösungen zu suchen, die für beide Seiten akzeptabel waren.

Mittlerweile führte ich auch wieder ein Erfolgs-Journal, worin ich mich jeden Morgen und Abend in Dankbarkeit übte und Momente festhielt, die meine Fortschritte dokumentierten.

Sich unabhängiger von Menschen und deren Zustimmung zu machen war für mich ein wichtiger Schritt in Richtung Heilung. Es war ein langer Prozess, der mich immer wieder an meine Grenzen brachte. Sehr viele Freundschaften gingen in dieser Zeit in die Brüche. Ich war nicht länger bereit, mich unter meinem Wert zu verkaufen.

Neue Menschen kamen in mein Leben, die ich auf Events für Persönlichkeitsentwicklung kennenlernte. Für sie war es Normalität, ihre Wünsche und Bedürfnisse zu äußern und für mich sehr inspirierend, von ihnen zu lernen. Sie lebten Beziehungen, in denen ein respektvoller Umgang gepflegt wurde. Für mich konnte ich daraus schlussfolgern, dass

Unabhängigkeit in der Partnerschaft kein Zeichen von fehlender Liebe zum Partner ist.

Echte Unabhängigkeit in der Partnerschaft ist nicht mit zu Schau gestellter Unabhängigkeit zu verwechseln. Äußerungen wie: „Ich bin ein freier Mensch und brauche Nichts und Niemanden mehr“ sind eher Indizien für Bindungs- oder Verlustängste. Natürlich können wir unabhängig von einem anderen Menschen sein, doch sind wir eben auch soziale Wesen, die sich gerne mit anderen Menschen verbinden. Sich aus Abhängigkeiten zu befreien, bedeutet die Anhaftung an bestimmten Dingen im Außen loszulassen. Oftmals klammern Menschen an Partnerschaften oder beruflichen Erfolgen und machen diesen Teil zum Mittelpunkt ihres Lebens. Dabei muss man sich ernsthaft klarmachen, dass diese Bereiche nur ein Teil des Lebens sind. Wer seine wertvolle Lebenszeit nur diesen Lebensbereichen widmet, kann eine heftige Lebenskrise auslösen, falls diese tragenden Säulen einmal wegbrechen.

Meine Zeit investierte ich größtenteils nur in meine Partnerschaften und als diese abrissen, verlor mein Leben für mich Sinn und Glanz. Aus dieser Erkenntnis habe ich wichtige Lektionen lernen dürfen. Um ein unabhängigeres Leben zu führen, dürfen wir unsere Aufmerksamkeit auf mehrere Lebensbereiche lenken und diese pflegen.

Beziehungen, soziale Kontakte, Gesundheit, Berufung, Geld, Materielles, Hobbys, Freizeitgestaltung, Kreativität und Spiritualität sind Lebensbereiche, die unsere Aufmerksamkeit benötigen. Wenn wir immer wieder nach Innen schauen und uns fragen, wie erfüllt wir gerade in den unterschiedlichen Lebensbereichen sind, muss eine Partnerschaft nicht irgendwelche Defizite ausgleichen.

Meine Gedanken

4

Kapitel 4: Wahre Liebe ist das Schönste

Thesen:

- Für das Gelingen einer Partnerschaft braucht es zwei reflektierte und lösungsorientierte Menschen
- Menschen projizieren beim Daten und in ihren Verbindungen ihren Mangel auf ihr Gegenüber und wundern sich, dass es immer wieder zu Enttäuschungen führt.
- Nicht jeder Mann ist gleich ein Narzisst.
- Dating-Plattformen sind ein Sammelbecken für liebessüchtige Menschen
- Authentisches Dating verkauft nichts, sondern zeigt den echten Menschen.
- Auf Datingplattformen gibt es viel Fake
- Kennenlernphasen laufen dann entspannt ab, wenn man sich von Anfang an authentisch zeigt.
- Authentisches Dating funktioniert nur ohne Masken. Dann kann es auch online funktionieren und eine „echte“ Beziehung entstehen.
- Selbstheilung wird gerne als Schönreden der Vergangenheit deklariert.
- Damit Beziehungen lebendig bleiben, bedarf es der Motivation zur Selbstreflektion

Wir hatten beide Angst, uns nahe zu kommen - Verschiedene Bindungstypen und ihre Auswirkungen

Mittlerweile war ich schon einige Monate Single und verarbeitete die Trennung von Falk recht gut. Er fehlte mir nach wie vor jeden Tag. Daran hatte sich nichts geändert, doch ich ließ ihn frei, denn das war sein Wunsch. Selbstverständlich wollte ich für mich Antworten finden, denn meine Beziehungen liefen immer wieder aufs Gleiche hinaus. Kaum, dass ich mich auf einen Partner einließ, distanzierte sich dieser von mir. In meiner Ehe mit Theo erlebte ich diese Art von Spielchen nicht. Er war verlässlich und ich spürte in keiner Sekunde unserer Ehe Angst oder Eifersucht. Mit meinen Partnern, die nach Theo folgten, sah das ganz anders aus. Sie wirkten auf mich unnahbar und bindungsscheu, denn sobald es vertrauter und verbindlicher wurde, entstand eine emotionale Barriere zwischen uns.

Um ehrlich zu sein, machte ich es mir in der Vergangenheit sehr einfach und klebte auf jedes Arschloch den Stempel „Narzisst". Das ist natürlich totaler Unsinn, denn nicht jeder Mann, der sich emotional nicht binden möchte, ist gleich ein Narzisst. Dazu gehört deutlich mehr. Deshalb war es für mich auch nicht wichtig zu wissen, ob Falk ein verdeckter Narzisst war, Angst vor Nähe hatte oder einfach nicht verliebt genug in mich war. Er wollte nicht mit mir zusammen sein. Fertig.

Mein Wunsch nach Nähe war schon immer sehr groß und niemals hätte ich vermutet, dass meine eigene Bindungsangst eines meiner grundlegenden Probleme mit Männern war. Auf der einen Seite suchte ich die Nähe zu ihnen und auf der anderen Seite hatte ich Angst, dass sie mich verlassen würden. Unbewusst suchte ich mir deshalb Partner aus, die mir nicht gefährlich werden konnten, da sie selbst Bindungsängste hatten. So würde ich mich vor möglichen Verletzungen zu schützen. Das ist nach heutiger Sicht natürlich Unsinn, aber die unreflektierten alten Eindrücke der Vergangenheit führen eben zu genau solchem Verhalten.

Es war ein Teufelskreis, der immer wieder zu Schwierigkeiten führte. Ich verstand nun endlich, dass meine Ambivalenz ein Ausdruck meiner eigenen Bindungsangst war. Meine Ex-Partner machten es sich immer sehr einfach und beschwerten sich darüber, noch nicht die Richtige gefunden zu haben. Den Gedanken, dass auch sie Bindungs- oder Verlustängste haben könnten, lehnten sie vehement ab.

Für mich war jetzt erst einmal wichtig, mein Bindungssystem zu verstehen: Sobald ich mit einem nicht verfügbaren Mann oder Narzissten zusammen kam, wurde unbewusst mein ängstliches Bindungsmuster aktiviert. Das zeigte sich dann darin, dass meine Gedanken ununterbrochen darum kreisten, die Nähe zum Mann wiederherzustellen, sobald dieser sich von mir distanzierte. Mein inneres System lief auf Hochtouren, denn ich wollte es unbedingt vermeiden, verlassen zu werden. Sobald ich in irgendeiner Form eine positive Rückmeldung erhielt, dass alles gut ist und wir uns wieder nahe waren, beruhigte sich zeitgleich mein Bindungssystem und ich war wieder bei mir. Dadurch, dass ich mich nur zu bindungsvermeidenden Männern hingezogen fühlte, erlebte ich es durchgängig, widersprüchliche Signale zu erhalten. Mal wurde ich mit Liebe überschüttet, mal mit Eiseskälte auf Distanz gehalten. Meine Ängste bestimmten mein Leben, denn sobald ich nur einen Hauch von Sicherheit fühlte, wurde diese durch zweideutige Botschaften meines Partners gnadenlos in den Boden gerammt. An jedem noch so kleinen Strohhalm klammerte ich meine Hoffnung, doch noch ein Happy End mit diesem Mann zu erleben. Meine Vorstellung von Liebe war mehr als verzerrt, denn wenn ich keine Angst, kein Drama oder keine Verschmelzung erlebte, war es für mich keine Liebe. Erst wenn mein Bindungssystem aktiviert wurde, das ich im Übrigen auch über eine sehr starke sexuelle Anziehungskraft verspürte, war das für mich ein Zeichen von Liebe.

Meine Partner erlebte ich als sehr freiheitsliebend und nach einer anfänglichen Idealisierungsphase schon wieder auf dem Sprung. Sie waren ein Buch mit sieben Siegeln für mich und so war es sehr schwer für mich, sie im Herzen zu erreichen. Über Gefühle sprachen wir nur, wenn Alkohol im Spiel war oder nach einer Off-Phase, um wieder Nähe herzustellen. So frei, wie sie nach außen wirkten, waren sie bei weitem nicht, denn auch sie hatten mit ihren Ängsten zu tun. Sich auf mich einzulassen schien niemanden von meinen Ex-Partnern schwer gefallen zu sein, doch sobald es um ein emotionales Wir ging, ein Zuhause, was sich nach Geborgenheit anfühlte, waren sie weg. Auf einmal war die Ex wieder ein Thema, nach der sie sich sehnten. Nähe und Verbindlichkeit hebelten sie systematisch durch Abwertung und inszenierte Konflikte aus. Sich aufeinander einzustellen und Nähe aufzubauen war uns nicht möglich. Meine Partner empfanden das für sich als Verlust ihrer Unabhängigkeit. Sie mäkelten an meinem Kleidungsstil herum und ignorierten mich, sobald ich mich liebevoll und fürsorglich um sie kümmerte. Anstatt sich auf meine Stärken zu konzentrieren, fokussierten sie sich auf meine Schwächen, die in ihrer vermeintlich perfekte Welt nicht vorkamen.

„Du nimmst mir die Luft zum Atmen" oder „Es geht immer nur um dich" hörte ich ständig aus ihren Mündern. Es kam ihnen überhaupt nicht in den Sinn, dass ihr Verhalten eine Strategie war, um mich auf Distanz zu halten, nur weil sie ein Problem mit Nähe hatten.

Mit meinem Ex-Ehemann Theo hatte ich all diese Herausforderungen nicht. Wir konnten uns über unsere Probleme lösungsorientiert austauschen und unser Wunsch nach Nähe und Distanz wurde beidseitig respektiert. Es fanden einfach keine Dramen statt. Wir waren emotional sehr tief miteinander verbunden. Auch sexuell fühlte ich mich vollends befriedigt, denn Theo war ein sehr zärtlicher Mann, dem es wichtig war, mich an jeder Stelle meines Körpers zu berühren.

„Rein, raus, fertig" erlebte ich nur mit meinen nachfolgenden Partnern. Von Zärtlichkeit waren die intimen Momente mit ihnen überhaupt nicht gezeichnet, eher von abwertenden und pornoüblichen Sexspielchen. Die inneren Aggressionen meiner Partner waren deutlich im Liebesakt zu spüren, die bei mir zu einem weniger befriedigenden Ergebnis führten. Aus heutiger Sicht kann ich sagen, dass eine liebevolle Kommunikation auf beiden Seiten einige Konflikte oder Missverständnisse aus dem Weg geräumt hätte. Dadurch, dass es weder mir noch meinen Partnern bewusst war, dass wir unsere Angst vor Nähe unterschiedlich auslebten, war ein Zusammenkommen jedoch unmöglich. Aus heutiger Sicht musste es immer wieder zu Meinungsverschiedenheiten kommen, denn wir hatten unterschiedliche Bedürfnisse nach Nähe. Das ist im Übrigen total in Ordnung, denn es gibt hier kein richtig oder falsch. Es ist okay, Bedürfnisse zu haben und den Wunsch nach Stabilität in einer Partnerschaft. Wenn diese Bedürfnisse nicht befriedigt werden, können wir nicht wirklich glücklich sein. Ich habe erkannt, dass ich damit aufhören darf mich schlecht zu fühlen, nur weil ich Bedürfnisse habe. Ich kommuniziere mit ihnen schlichtweg das, was ich in einer Beziehung brauche und bin deshalb nicht gleich bedürftig oder abhängig.

Anstatt mich zu verbiegen, um einem Mann zu gefallen darf ich mich fragen, ob er mir das geben kann, was ich brauche. Zukünftig möchte ich den Männern eine Chance geben, von denen ich damals eher weniger Kenntnis genommen habe. Ich kann wirklich nicht sagen, dass sie unattraktiv waren. Es war mein tief verwurzeltes altes Bindungssystem, das durch ihr beständiges Verhalten unberührt blieb. Ich interpretierte es völlig falsch. Ich war es gewohnt, mein aktiviertes Bindungssystem als ein Zeichen von Zuneigung und Liebe zu deuten. Dies war mir lange Zeit nicht klar. Es ist ein wichtiger Schritt in Richtung erfüllende Partnerschaft, sich über seine eigenen Bedürfnisse mehr Klarheit zu verschaffen. Auch die Sexualität spielt da rein.

Die eigenen Bedürfnisse zu kommunizieren und mit denen des potenziellen Partners abzugleichen, stellt die gesunde Basis einer Beziehung dar. Es kann sein, dass es dir, wie auch mir, am Anfang noch etwas schwerfällt. Doch mit ein bisschen Übung wirst du darin besser und sicherer. Es ist dein Geburtsrecht, für dein Sein geliebt zu werden.

Über eines bin ich mir nochmal mehr bewusst geworden: Es braucht definitiv zwei reflektierte und lösungsorientierte Menschen für das Gelingen einer Partnerschaft. Einer alleine kann eine Beziehung nicht retten.

Projektionen auf den Partner erkennen - Du siehst die Welt nicht, wie sie ist, du siehst die Welt, wie du bist

Auf meinem Weg der Selbstheilung konfrontierte ich mich mit allen möglichen Themen, denn ich sehnte mich so sehr nach Ruhe und ein bisschen Heimat in mir. Mittlerweile verstand ich immer besser, was die tatsächlichen Ursachen meiner Beziehungskatastrophen waren. Von einer Freundin bekam ich den Tipp, doch mal einen Termin bei einem spirituellen Meister zu machen, um für mich noch mehr Heilung zu erfahren. Sie hatte schon Erfahrungen darin und schwärmte von ihrer heilsamen Reise. Mit dem Thema Spiritualität war ich inzwischen seit längerer Zeit sehr vertraut und so ließ ich mich darauf ein, einen Termin bei ihm zu machen.

Ein paar Tage später war es dann soweit und ich betrat den Hof des Meisters. Überall brannten Kerzen und es duftete nach Lavendel und Weihrauch. Der Meister führte mich in die Räumlichkeiten, in denen wir zuerst meditierten und anschließend in ein sehr heilsames Gespräch übergingen. Letztendlich brauchte ich ihm über meine momentane Situation nichts zu erzählen, denn er wusste längst, was in mir vorging.

Er sah mir meinen Schmerz an, den ich noch nicht vollständig loslassen konnte. Meine Trennung von Falk war mittlerweile über ein halbes Jahr her, doch er war präsent wie eh und je. „Warum schmerzt dich die Trennung von Falk so sehr?“ Ich erklärte ihm, dass ich so wahnsinnig verletzt war, da er mich verlassen hatte, ohne mir irgendeine Chance zu geben.

Ich konnte ihm einfach nicht verzeihen.

„Weißt du, mein Mädchen, deine Realität, sprich deine Beziehungen sind eine Projektion deiner unterbewussten Glaubenssätze. Du kannst dir das so vorstellen, dass Projektionen wie ein Spiegel funktionieren und deine äußere Welt ein Abbild deiner inneren Welt zeigt“, erklärte mir der Meister.

Ich dachte über seine Worte nach und bekam nun eine völlig neue Sicht auf meine vergangene Beziehung: „Bedeutet es, dass ich Falk nicht verzeihen kann, weil ich mir selbst noch irgendein Thema nicht verziehen habe?“

Der Meister antwortete: „Ganz genau, du schadest anderen mit deinem Groll und somit dir am meisten, verstehst du?“

Ich verstand und wurde mir allmählich darüber bewusst, welches Leid ich mir die ganze Zeit über selbst erschaffen hatte. Das, was ich in anderen sehe, kritisiere oder weghaben möchte, trage ich nicht unbedingt in der gleichen Form in mir, jedoch in einer gleichwertigen. Befreie ich mich von meiner Schuld und vergebe mir, kann ich auch andere Menschen von ihrer Schuld freisprechen. Schon durch diese Erkenntnis veränderte sich die Energie in mir. Ich spürte regelrecht, wie sich die festgezogene Handbremse lockerte und Heilung zu mir fließen konnte. Abgeschlossen wurde dieser heilsame Abend durch eine gemeinsame Meditation und Energiebehandlung durch den Meister. Er gab mir zum Abschied die Worte mit auf den Weg: „Liebe Martina, ich sehe deine äußere Schönheit, doch diese ist vergänglich. Deine innere Schönheit ist es, die dich ein Leben lang begleitet.“

Diese Sätze rührten mich zu Tränen, denn sie berührten mich tief in meinem Herzen. Komplimente in dieser Form kannte ich nicht, zumindest nicht von einem Mann. Wir verabschiedeten uns und ich fuhr tief beseelt nach Hause. Es war eine Begegnung, die ich niemals vergessen werde, denn mein Bewusstsein weitete sich durch das Verständnis meiner eigenen Projektionen.

Ich und auch du: Wir projizieren in jedem Moment unsere Gedanken und Gefühle auf andere Personen. Urteilen wir über andere Menschen, projizieren wir unseren Unfrieden auf diese.

Wie konnte ich nun das Projektionsverhalten für mich nutzen, um meine vergangenen Beziehungen noch besser zu verstehen und diese durch Heilung zu erlösen?

Meine toxischen Beziehungen waren das exakte Spiegelbild meiner inneren Welt, denn der zugefügte Schmerz, ob verbal, nonverbal oder körperlich, war die Projektion meines Schattens. So verurteilte ich mich beispielsweise seit mehr als 40 Jahren für mein Aussehen und entwickelte daraus einen festen Glauben. Meine Mangelgedanken erzeugten negative Energie, die sich wiederum auf die äußere Welt projizierten. Das von mir selbst erzeugte Bild war alles andere als bunt und einladend. Dafür verurteilte ich alles und jeden. Dass ich jedoch die Künstlerin des Gemäldes war, ist mir erst im Gespräch mit meinem Meister bewusst geworden. Menschen projizieren beim Daten und in ihren Beziehungen ihren Mangel auf ihr Gegenüber und wundern sich, dass es immer wieder zu Enttäuschungen führt.

Ich erkannte immer mehr, dass meine Projektionen bis in die kleinste Ecke meines Lebens reichten und dieses gestalteten. Somit wurde ich ein weiteres Mal darin bestätigt, dass jede Veränderung in uns beginnt und nirgendwo anders.

Für mich war es schon immer wichtig, Zusammenhänge verstehen zu wollen. Selbst die Narzissten, die ich in meinen Partnerschaften erlebt hatte, konnte ich nun besser verstehen. Ich konnte nachvollziehen, warum sie sich mir gegenüber auf ihre Art und Weise verhalten hatten.

Im Grunde genommen hatte es mit uns beiden zu tun. Ich projizierte meine nicht aufgelösten Verletzungen auf ihn und er seine auf mich.

Ich bitte dich, diese wichtige Erkenntnis nicht als Schönreden der krankhaften Beziehung zu verstehen. Es geht einzig und alleine darum, die Wirkung im Ursprung zu erkennen. Kein Mensch mit einem gesunden Selbstwert würde einen anderen Menschen erniedrigen oder in einer anderen Form angreifen. Du kannst davon ausgehen, dass sich hinter Angriffen die eigenen unbewussten Glaubenssätze verbergen. Meine Partner waren sehr unsichere Personen, die weit davon entfernt waren, die Realität anzuschauen, geschweige denn anzunehmen. Sie begannen, mit der Zeit immer mir die Schuld für Probleme, Konflikte und Streit zu geben. Ich sei einfach zu kompliziert und würde sie absichtlich provozieren. Statt für ihren eigenen Anteil die Verantwortung zu übernehmen, projizierten sie diesen auf mich. Damit widersetzten sie sich der Realität und Konflikte wurden verstärkt, statt sie im Ursprung aufzulösen. Meine Sicht auf vergangene Beziehungen veränderte sich durch diese Erkenntnis schlagartig und ich konnte das Geschehene mehr und mehr akzeptieren.

Die Realität anzunehmen bedeutet indes nicht, dass ich gutheiße, was mir passiert ist. Das tue ich ganz sicher nicht. Es bedeutet nichts anderes, als gegenwärtig das anzunehmen, was ist. So trage ich Sorge dafür, diese Energie nicht erneut auf andere zu übertragen.

Das Effektivste, um die gegenseitige Wechselwirkung aufzuheben ist, die eigene Veränderung anzustoßen. Statt sich immer nur die Entwicklung beim Partner zu wünschen, bin ich selbst die Veränderung.

Fallbeispiel aus meinem heutigen Coaching-Alltag:

Carola kam vor zwei Monaten zu mir in die „Masterclass“ und das Coaching hatte zu großen Veränderungen geführt. Nun stand sie vor der Herausforderung, dass sich ein neuer Kollege in sie verliebt hatte. Sie fand ihn ganz nett, doch für mehr reichte es einfach nicht aus und sie gab ihm einen Korb. Tief verletzt zog sich der Kollege zurück und löschte sie aus seiner Kontaktliste. Auf der Arbeit herrschte seitdem eine eher unterkühlte Stimmung zwischen den beiden und es verletzte Carola, so abweisend behandelt zu werden. Sie sah die Situation aus der Perspektive ihres eigenen Schmerzes und fühlte sich durch das ablehnende und abweisende Verhalten in ihrem alten Glaubenssatz „Ich bin wertlos“ bestätigt. Sie empfand den Kollegen verletzend und sich selbst durch ihn gedemütigt. Schließlich behandelte er sie nur noch wie Luft.

Carolas getroffenes Selbst vertrat die Meinung, dass man sich so nicht verhält, dass es unreif wäre und kindisch. Ich konnte ihre Haltung sehr gut nachempfinden, denn auch ich dachte früher so.

Nun wollte ich ihr jedoch eine Tür für eine neue Perspektive öffnen, die ihr eventuell helfen könnte, Frieden mit sich und der Situation zu schließen beziehungsweise diese durch eigenen Antrieb zu verändern. Ich erklärte ihr, dass der Kollege in dem Moment, als er von Carola den Korb erhielt, wohlmöglich selbst an einen Ur-Schmerz erinnert wurde. Natürlich unbewusst. Aus seinem Schutzmechanismus heraus, um den Schmerz nicht zu fühlen, ging er Carola aus dem Weg oder ignorierte sie, wenn sie mit ihm etwas Dienstliches besprechen wollte. Er war nicht mehr in der Lage, erwachsen und souverän mit der Situation umzugehen. Carola brauchte ein bisschen Zeit, um diese neue Sichtweise in ihr Leben zu integrieren. Nachdem es ihr gelang, das Geschehene aus der neuen Perspektive zu betrachten, war sie erleichtert, nicht mehr für den Schmerz ihres Kollegen verantwortlich zu sein. Letztlich war sie nur ein Auslöser. Für sein Denken, Fühlen und Handeln ist jedoch jeder selbst zuständig.

Wäre dem Kollegen klar gewesen, dass sein verletztes inneres Kind in Not geraten ist, hätte er vermutlich bewusster mit seinem Schmerz umgehen können. Doch dadurch, dass er in der Vergangenheit nicht allzu schöne Erfahrungen mit Frauen machen durfte, kämpfte er auch heute noch mit seinen inneren Dämonen, sobald er Ablehnung empfand. Dass die beiden jeweils ihren Schmerz auf den anderen projizierten, war ihnen nicht klar. Stattdessen verurteilten sie den anderen und übernahmen keinerlei Verantwortung für ihren selbst erzeugten Schmerz, der durch ihre destruktiven Glaubenssätze ausgelöst wurde.

Wir haben immer die Möglichkeit, mit etwas Abstand von unserem Schmerz und aus einer höherliegenden Perspektive auch den Schmerz und die Beweggründe des anderen zu erkennen. Wenn wir jedoch auf unser vorschnell Urteil und auf unser Recht beharren, erschaffen wir eine Zukunft auf dem Fundament der Trennung. Möchten wir uns an einem höheren Ziel orientieren, wie beispielsweise Liebe, Zusammenhalt und Freude, brauchen wir ein offenes Herz und den Mut zum Perspektivwechsel.

Wir projizieren nicht nur unsere Schatten auf die äußere Welt, sondern auch unsere schönsten Aspekte, die wir dann im Spiegelbild eines anderen erkennen können.

Erinnere dich bitte daran, als du das letzte Mal so richtig verliebt warst. Du hast deinen Partner in den schönsten Farben gesehen und hast jeden Zentimeter seines Seins geliebt.

Was glaubst du, hast du in dem anderen gesehen? Richtig, deine eigene Projektion.

„Du siehst die Welt nicht, wie sie ist, du siehst die Welt, wie du bist."
Verstehst du? Wir können aus dem Innersten nur dann richtig erleuchten, wenn wir nicht länger im Außen einen Schuldigen suchen und stattdessen die volle Verantwortung für unser Leben übernehmen. Jede bewusst gewordene Projektion ist eine Einladung an dich, den Unfrieden in dir aufzulösen. Jedes Mal, wenn wir die äußere Welt schuldig sprechen, übertragen wir gleichzeitig die Verantwortung und hindern uns an persönlichem Wachstum.

Ungelöste Projektionen werden immer wieder den Weg zu uns finden. Bitte werde dir immer wieder darüber bewusst, dass deine Glaubenssätze deine Realität erschaffen.

Trägst du zum Beispiel den Glaubenssatz „Ich bin wertlos" in dir, wirst du in der äußeren Welt auf Kollegen, Freunde und Partner stoßen, die dir das Gefühl von Wertlosigkeit vermitteln. Du wirst so lange mit deiner Lernaufgabe konfrontiert, bis du sie löst.

Erinnere dich bitte an meine Geschichte. Meine damaligen Projektionen hatte ich nicht erkannt und stattdessen sprach ich all meine Partner für mein Leid schuldig.

Sie wurden nicht von ihrer Verantwortung entbunden, doch zeigten sie mir auf, was ich durch meinen Glauben erschaffen hatte. Sie waren die Leinwand meiner unbewussten Glaubenssätze über mich und ich projizierte diese die ganze Zeit auf sie. Erst wenn die Wunden wirklich geheilt sind, verändert sich auch die Außenwelt. Von Innen nach Außen, das ist der Zirkel des Lebens.

Die eigenen Unzulänglichkeiten ablegen - Authentisch sein ist das neue Cool

Der reife Umgang mit seinen eigenen Gefühlen und die des Partners ist die Hauptzutat einer erwachsenen Liebesbeziehung. Es liest sich so leicht. Ich weiß. Meine Männergeschichten an sich waren nicht das Problem, sondern vielmehr meine ungelebten und unreflektierten Gefühle und Verhaltensmuster, welche erst durch die Konflikte sichtbar wurden. Seit meiner frühesten Kindheit wurde mir eingetrichtert, dass Gefühle etwas für Weicheier seien und deren Auftreten ein Zeichen von Schwäche. Doch genau hier beginnt der Teufelskreis. Wir erschaffen ein völlig falsches Bild von unseren Gefühlen und verbinden Verletzlichkeit mit Angst, Kummer, Enttäuschung und Scham. Was wir dabei übersehen ist, dass Verletzlichkeit darüber hinausgeht und die Geburtsstätte von Liebe, Empathie, Zugehörigkeit und Mut ist. Sind es nicht jene Emotionen, nach denen wir uns so sehr sehen?

Liebe bedeutet für mich ein gewisses Risiko einzugehen, denn ich kann nicht mit absoluter Sicherheit davon ausgehen, dass der Mann, neben dem ich jeden Morgen voller Liebe aufwache, auch morgen noch da ist. Eine meiner Lernaufgaben war es, sich auf die Risiken des Lebens einzulassen und die Kontrolle abzugeben, die man ja sowieso niemals hat. Ich lebte vorher meinen Kontrollzwang aus, da ich der festen Überzeugung war, nicht liebenswert zu sein und den Mann nicht halten zu können. So richtete ich unbewusst meine Wahrnehmung auf ablehnende Aspekte unseres Miteinanders und die meines Partners. Das hatte zur Folge, dass ich mich nie ganz öffnen konnte und eher im Hintergrund verweilte. Doch wenn du bis hierhin mein Buch aufmerksam gelesen hast, erinnerst du dich sicherlich noch an die Spiegelgesetze und Projektionen: Das, was wir innerlich glauben und fühlen, senden wir als Energie in die Atmosphäre und werden laut Resonanzgesetz auf Partner stoßen, die ähnliche Verletzungen in sich tragen.

Das bedeutet auch, dass ich mich nicht zu wundern brauche, wenn eine Beziehung ein schnelles Ende findet. Kann ich mich nicht öffnen und hingeben, wie soll es dann der Partner tun? Wäre mein innerer State auf Vertrauen ausgerichtet gewesen, hätte ich unsere Beziehung und die Art unseres Miteinanders ganz anders wahrnehmen können. Aller Wahrscheinlichkeit nach hätte mich mein Partner entspannt, freundlicher und vor allem glücklicher erlebt. Auch hier bestätigt es sich wieder, dass es in unserer Verantwortung liegt, den inneren Fokus auf Liebe und Vertrauen auszurichten. Auf wundersame Weise werden wir dann neue Erfahrungen beim Dating machen und die Chance auf einen passenden Partner erhöhen.

Schutzmauern der Verletzlichkeit

Schon als kleines Mädchen fand ich für mich Wege, um mich vor Verletzungen zu schützen. Herabsetzung, Schmerz, Wut oder Enttäuschung wollte ich nicht fühlen und legte mir einen fetten Schutzpanzer zu. Meine daherkommenden Gedanken und die daraus resultierenden Gefühle ließen mich Handlungen durchführen, die meine Beziehungen als Erwachsene sichtlich blockierten. Sobald ich einen Mann kennenlernte, war ich nicht mehr ich selbst.

Die Maske der Verführerin oder der Verständnisvollen beherrschte ich perfekt. Ich fühlte mich weniger verletzlich und angreifbar, sobald ich mich hinter meinen Schutzmauern versteckte. Auch wenn mich diese zunehmend einengten, war mir das immer noch lieber als das Risiko einzugehen, verletzt zu werden. Ironischerweise fehlte mir die Verbundenheit zu meinem Partner, der sich ebenfalls hinter seinem Schutzpanzer versteckte.

Im Rückblick auf die Beziehung mit Falk erkenne ich am stärksten, dass ich alles andere als authentisch war. Ich verführte ihn, obwohl ich noch nicht wirklich bereit war und es gab nicht einen Tag, an dem ich mich mal richtig habe gehen lassen. Sowohl im Bett war mein einziges Bestreben, ihm zu gefallen und zu befriedigen, als auch im täglichen Miteinander. Immer war ich gestylt. Immer zurechtgemacht. Ein paar gemütliche Klamotten zu tragen und damit entspannt auf der Couch zu liegen, wäre mir zu dieser Zeit nicht möglich gewesen. Ich meinte, einem Traumbild entsprechen zu müssen.

Mit meinem Mann war das Loslassen und Sein möglich, mit den nachfolgenden Partnern nicht mehr. Immer wieder wurde ich von aufkommenden Gefühlen übermannt und hatte große Probleme, meine emotionalen Ausnahmezustände irgendwie in den Griff zu bekommen. Das Interessante war, dass ich mich über meine narzisstischen Partner sichtlich ärgerte, weil sie in ihrer Gefühlswelt sehr sprunghaft agierten. Doch bei genauerer Betrachtung fällt mir heute auf, dass ich ähnliche Muster wie sie in mir trug und nutzte. In dem einen Moment konnte ich mich intensiv und über beide Ohren verlieben, doch genauso gut war ich in der Lage, völlig abwesend zu sein und in schmerzliche Gefühlslagen zu rutschen. Es brauchte nur einen ganz bestimmten Blick oder ein Wort, um meine alten Schutzstrategien zu aktivieren.

Mir ist auch aufgefallen, dass wir Menschen dazu neigen, unsere Ängste durch Verurteilung und Kritik zu kompensieren, anstatt mutig hinter der Verletzlichkeit zu stehen. Fühlen bedeutet verletzlich zu sein. Dafür dürfen wir lernen, unsere Schutzmauern zu öffnen. Schritt für Schritt. Wir zahlen sonst einen verdammt hohen Preis, wenn wir uns weiterhin aus der Angst heraus von unseren Gefühlen abschotten. Verletzlichkeit zuzulassen heißt, die eigenen Masken abzunehmen und den Schmerz, der sich hinter ihnen verbirgt, zu würdigen und bejahend zu fühlen. Die Entscheidung, eine Maske zu tragen, trafen wir oft in frühester Kindheit aus einer Not heraus. Die Bewusstwerdung über diese Masken und den versteckten Hintergrund können wir herausfinden, würdigen und loslassen.

Die Trennung von Falk war deshalb so wertvoll für mich, weil ich nun viel mehr Klarheit über meine Schutzstrategien erhielt, die dafür sorgten, Nähe und Verbundenheit zu vermeiden. Damit wollte ich endlich aufhören und nahm mir fest vor, von nun an authentisch zu sein. Du kannst mir glauben, dass besonders diese Zeit sehr schmerzhaft für mich war. Wo ich vorher lieb und angepasst war, stand ich nun für mich ein. Nicht von heute auf morgen, doch ich übte mich jeden Tag darin. Dafür erhielt ich Ablehnung in Form von aufgelösten Freundschaften oder massive Kritik von Kollegen und Vorgesetzten. Doch ich ließ mich nicht von meinem Plan abbringen und nahm den Schmerz an. Ich ging hoffnungsvoll meinen Weg weiter. Ich ging ein verdammt großes Risiko ein, denn meine neue Art und Weise des Umgangs und Kontakts brachte viel Ungewissheit mit sich. Meine gesamten Freundschaften lösten sich auf und weit und breit war erstmal niemand in Sicht, mit dem ich mich verbinden konnte. Selbst zu meiner damals besten Freundin Karla riss das Band. Meine Entwicklung ging ihr einfach zu schnell.

Außerdem wurde sie durch mich verstärkt mit ihren eigenen Themen konfrontiert und dazu war sie anscheinend noch nicht bereit.

Gerade in der Umgewöhnungsphase fühlte sich der Zustand meiner Verletzlichkeit ungewohnt an und zum Teil auch unerträglich. Mir wurde nochmal mehr bewusst, dass ich durch die Person, die ich damals vorgab zu sein, Menschen anzog, die nicht wirklich mit meinem Herzen verbunden waren. Sie waren eher mit meiner Oberflächlichkeit hinter meinen Masken in Resonanz gegangen.

Der Prozess der Selbstverwirklichung war also aufregend und beängstigend zugleich. Es gab Momente, in denen ich das Gefühl hatte, dass mir endlich mein Korsett ausgezogen wurde und ich endlich Atmen kann. Dann gab es wieder Zeiten, in denen mir die Stimme wegblieb oder mir das Gefühl von einem Frosch im Hals das freie Atmen erschwerte. Ja, ich befand mich im freien Fall und hatte keine Ahnung davon, wie schmerzhaft der Aufprall für mich sein könnte. Doch ich war mehr als entschlossen, mein altes Leben hinter mir zu lassen und ging weiter mutig meinen Weg.

Vielleicht bist du ja auch zwiegespalten und gestehst deiner Umwelt mehr zu, als dir selbst. Willst die vermeintlich Starke sein und andere dürfen sich zeigen. Es macht überhaupt keinen Sinn, Verletzlichkeit in einem anderen Menschen anzuerkennen und ihn bei sich selbst als Unzulänglichkeit zu werten. Die eigene Verletzlichkeit abzuwerten und bei anderen deren Mut zu loben, zeigt ein recht ambivalentes Verhalten. Kannst du den Widerspruch erkennen?

Ich zeige mich dir ohne Masken – ungeschützt – nackt

Inzwischen passierte so unfassbar viel in meinem Leben. Auf der Arbeit war ich die längste Zeit die beliebte Kollegin, denn ich zog nun Grenzen, kommunizierte, wenn ich mich überfordert fühlte und bat um Hilfe, sobald ich sie benötigte. Das war für meine Vorgesetzten ein sehr nerviges Unterfangen, denn zuvor arbeitete ich quasi für drei und nun nicht mehr. Freundschaften lösten sich auf und neue Menschen kamen in mein Leben, denen ich mich von Anfang an verletzlich und authentisch gegenüber zeigte. Mein Leben wurde mit so viel Reichtum beschenkt und das nur, weil ich meine Schutzmechanismen aufgegeben hatte.

Es gab zwischendurch immer wieder Phasen, die an meiner Energie zehrten, denn an alten Schutzprogrammen ein Update durchzuführen, kann ganz schön anstrengend sein. Dein Ego wird sich nicht allzu sehr darüber freuen, erstmal keine Bestätigung mehr auf die alte Art und Weise zu erhalten.

Ich wusste nun, dass Ängste und all die anderen furchteinflößenden Gefühle der perfekte Zündstoff für misslungene Beziehungen und andere Lebenskatastrophen waren. Mittlerweile war die Trennung von Falk und mir schon eineinhalb Jahre her. Meine Gedanken an ihn verstärkten sich plötzlich von Tag zu Tag, was mich zunehmend verunsicherte. Warum tauchte er auf einmal wieder so massiv in meinem Kopf auf? Über Instagram lernte ich eine Heilerin kennen, die nichts von mir und meinem Leben wusste. Dennoch betonte sie, dass ich mich dringend bei einem Mann melden solle, der mich in meiner Entwicklung enorm nach vorne bringen würde. „Weißt du, um welchen Mann es gehen könnte?“, fragte sie mich.

„Ja, es kann sich nur um meinen Ex-Partner Falk handeln.“, bestätigte ich ihr die Frage. Sie riet mir, mich zeitnah bei ihm zu melden.

Ich spürte, wie sich innerlich alles zusammenzog, denn ich hatte große Angst wieder von Falk einen Korb zu bekommen. Es vergingen weitere vier Wochen, bis ich all meinen Mut zusammennahm und mich bei ihm meldete. Über Facebook ließ ich ihm eine Nachricht zukommen und es dauerte keine zehn Minuten, bis ich eine Antwort erhielt. Wir schrieben ein paar Mal hin und her und wechselten über auf ein Telefonat. Es war so vertraut wie eh und je. Kurz danach fand das erste Treffen nach über eineinhalb Jahren statt.

Ich war so aufgeregt, denn ich war nicht mehr die Martina, die er kannte. Meine Rollen und Masken hatte ich losgelassen und gegen Authentizität und Wahrheit eingetauscht. Mein Herz klopfte, als hätte ich das erste Date mit ihm. Unsere Begrüßung fiel sehr herzlich aus. Wir verstanden uns so gut, wie auch damals, als wir anfangs zusammen waren.

Es vergingen weitere Wochen, in denen wir mal mehr und mal weniger Kontakt miteinander hatten. Unsere gemeinsame Zeit war von gegenseitigem Respekt geprägt und ich zeigte mich ganz und gar authentisch. Ich achtete akribisch darauf, denn für mich schien die Verbindung zu Falk meine Königsdisziplin zu sein. Eines

Tages verabredeten wir uns zum Motorradfahren und der Tag war einfach wunderschön. Anschließend aßen wir bei mir zu Abend und tauschten uns darüber aus, warum es damals zwischen uns zur Trennung kam. Er sprach davon, wie schwierig es für ihn war, sich auf mich einzustellen. Ich war auf der einen Seite die coole und auf der anderen Seite die vorwurfsvolle und zum Teil auch bockige Martina. Ja, das war mein inneres Kind, das sich in unserer Beziehung regelmäßig zeigte. Wir konnten an diesem Abend herzhaft über Situationen aus der Vergangenheit lachen und ich gestehe, ich hätte mir gewünscht, dass er sich selbst auch einmal reflektiert. Noch immer hatte ich Gefühle für ihn und dadurch, dass ich mir und anderen auch nichts mehr vormachen wollte, offenbarte ich mich: „Ich kann mir eine Beziehung mit dir vorstellen."

Was ich sofort vernahm, war seinerseits Verunsicherung und Distanz. Eine wirkliche Antwort bekam ich nicht. Er stammelte rum. Weitere Wochen vergingen und als wir eines Abends einen Spaziergang in der Abendsonne machten, bekam ich einen Korb, denn er offenbarte: „Ich möchte keine Beziehung mehr mit dir.".

Das saß. Erst die schmerzhafte Trennung, jetzt ein erneuter Korb. Natürlich tat es weh und für einen Moment spürte ich Selbstzweifel. Doch ich bereute nicht, mich ihm gegenüber ganz geöffnet und gezeigt zu haben, auch wenn es am Ende wieder Schmerz bedeutete. Ich war ehrlich, authentisch und das war für mich das Wichtigste.

Sich verletzlich zu zeigen ist keine hemmungslose Offenheit, sondern vielmehr geht es darum, seine Gefühle und Erfahrungen mit Menschen zu teilen, von denen du glaubst, dass sie es hören dürfen.

Früher habe ich bei den ersten Begegnungen vollkommen überstürzt und übertrieben einen Teil meines Inneren nach außen gekehrt, indem ich beispielsweise sofort von der größten und tiefsten Liebe sprach oder auf Heiratsbekundungen leidenschaftlich „Ja“ sagte.

Das war jedoch ein fehlgeleitetes Verhalten, welches typisch in toxischen Beziehungen ist und nach Aufmerksamkeit lechzte. Diese Art findet heute für mich nicht mehr statt.

Es gibt keine absolute Sicherheit

Woher konnte ich wissen, dass meine Gefühle, die ich aktuell fühlte, auch wirklich echt waren? In der Vergangenheit wurde mir suggeriert, dass meine Empfindungen falsch seien und somit traute ich weder meinen positiven noch meinen negativen Empfindungen über den Weg. Schön wäre es, wenn es eine Art Sicherheitskontrollleuchte in uns geben würde, die uns anzeigt, wann ich bei einem Menschen in sicheren Händen bin und mich verletzlich zeigen kann. Es braucht aber auch den inneren Hafen: Vertrauen in sich selbst, dass wir uns jederzeit verletzlich zeigen können, gepaart mit dem Wissen, dass Verletzlichkeit erst die Voraussetzung für Vertrauen ist. Das eine bedingt das andere. Wir bekommen niemals die absolute Sicherheit, dass unsere Verletzlichkeit nicht auch ausgenutzt werden kann oder im schlimmsten Fall missbraucht wird. Es braucht die innere Bereitschaft, den Sprung ins Unbekannte zu wagen.

Dadurch, dass ich immer wieder Missbrauch erlebt hatte, war ich sehr ängstlich und fühlte mich besonders verletzlich. Ich durfte mich nun erstmals darin üben, ohne Netz und doppelten Boden anderen Menschen, insbesondere Männern, gegenüberzutreten, wohl wissend, dass ich fallen könnte.

Diese Erfahrung machte ich das erste Mal mit Falk. Ich habe mich ihm gegenüber verletzlich gezeigt und bekam nicht das, was ich mir wünschte. Doch im Grunde genommen erhielt ich sogar mehr, denn er war in dem Moment sehr ehrlich und zeigte sich ebenfalls verletzlich. Das Vertrauen in mir, mich verletzlich zu zeigen wuchs und ich war weiterhin bereit, das Risiko einzugehen, enttäuscht und abgelehnt zu werden. Die Essenz der inneren Arbeit besteht darin, seine Unzulänglichkeiten anzunehmen, Gefühle nicht länger zu unterdrücken und die geheimen Abwehrmechanismen aufzuspüren, um sie dann zu erlösen.

Wenn ich einen neuen Mann kennenlerne, darf er erstmal von meinem vollen Vertrauenskonto schöpfen. Er bekommt quasi einen Vorschuss. Missbraucht er diesen oder investiert deutlich weniger in unsere Beziehung als ich, gerät das Konto ins Minus und die ersten Probleme sind vorprogrammiert. Es braucht die Bereitschaft beider Seiten, in die Beziehung zu investieren, damit das Vertrauenskonto im Plus bleibt.

Wir brauchen mehr Menschen, die sich verletzlich zeigen und bereit sind, Wagnisse einzugehen, trotz Niederlage wieder aufzustehen und sich durch den Dschungel schwieriger Emotionen zu tasten. Wir brauchen Menschen, die sich trauen, ihre schmerzhaften Wunden der Vergangenheit zu fühlen, anstatt sich an anderen Menschen auszutoben. Wir brauchen Menschen, die ihre Werte leben, auch wenn es bedeutet, eine gewisse Zeit alleine durchs Leben zu gehen. Wir brauchen Menschen, die nicht von Mut sprechen, sondern als Vorbild vorangehen, weil sie aufzeigen, dass Verletzlichkeit Brücken baut, statt Trennung zu erschaffen.

Wir dürfen es wagen, mutig zu sein. Im schlimmsten Fall wird es eine Lektion, in der wir eine Erfahrung machen, die uns weiterbringt. Im besten Fall kann eine wundervolle Beziehung daraus entstehen.

Authentisches Dating -
So tun, als ob hat noch nie funktioniert

Dadurch, dass ich früher noch unbewusst durch die Welt ging, datete ich aus meiner Schutzzone heraus. Ich wollte einen Mann kennenlernen, der mich aus meinem Schmerz und inneren Leere befreit, was ja eigentlich nicht die Aufgabe des anderen ist, sondern unsere eigene. Gleichzeitig sollte er mich erobern und mit Liebe überschütten. Zuerst sollte er sich aufmachen und im Gegenzug könnte ich dann auch mein Herz öffnen. Diese Strategie funktioniert nicht. Erinnere dich bitte nochmal an meine Erfahrungen: Zu Beginn einer Beziehung bekam ich die gesamte Palette an Zuwendung. Es mangelte nicht an Komplimenten oder Geschenken, selbst mein Herz wurde im Sturm erobert. Doch dadurch, dass ich aus meiner Schutzzone heraus mit meinen Masken bedeckt auf einen Mann zuging, zog ich Narzissten und andere Chaoten an. Sie kannten sich bestens damit aus, Frauen zu erobern, doch zogen sie genauso schnell weiter und suchten sich das nächste Objekt ihrer Begierde. Auch ihr eigentlicher Wunsch nach Liebe konnte nicht verwirklicht werden, da auch sie aus ihrer Schutzzone heraus auf Frauen zugingen. So entstand ein Hamsterrad, das folglich den Fluss der Liebe blockierte. Hier konnte nichts Wahrhaftiges entstehen, denn die aufkommende Liebe war an irgendwelche Bedingungen geknüpft. Du machst dies, dann mache ich das für dich. Wenn dir erst einmal bewusst wird, mit welchen Anforderungen wir in einen Kennenlernprozess hineingehen, verstehen wir gleichzeitig, dass die Liebe so nicht funktioniert und wir einem Irrglauben aufgesessen sind. Bitte werde dir immer wieder darüber bewusst, dass deine versteckte Angst vor Ablehnung oder Herzschmerz dein Magnet für Männer sein wird, die ebenfalls diese Ängste in sich tragen. Du kannst dich noch so hübsch herrichten und auf cool und lässig machen, doch wenn du innerlich völlig unsicher bist und Selbstzweifel verspürst, kannst du das durch keine Maske der Welt überdecken. Egal, was du innerlich tatsächlich denkst und fühlst, der Zweifel „bin ich schön genug?" kommt bei deiner Umwelt nonverbal an.

Fallbeispiel aus meinem heutigen Coaching-Alltag:

Sandy ist eine Frau Anfang vierzig und wirkt auf den ersten Blick total lässig. Wenn sie datet, strahlt sie aus, dass sie nicht für eine Nacht zu haben ist. Sie wirkt erstmal unnahbar und dadurch interessant. Die Männer sind fasziniert von ihr und zeigen großes Interesse. Doch irgendwann ist es so, dass sie ihre wahren Beweggründe und Gefühle nicht mehr zurückhalten kann und die Kontrolle über sich und die Situation verliert. In Wahrheit sehnt sie sich nach einer richtigen Beziehung und auf einmal wird sichtbar, dass sie nicht die lässige Frau ist, für die sie sich anfangs noch verkauft. Ab diesem Moment wendet sich das Blatt und der Mann zieht sich irritiert zurück. Sie wird dann in ihrer Verlustangst angetriggert und beginnt zu klammern. Aus einer anfänglichen Euphorie seinerseits wird dann recht schnell Desinteresse bis hin zur absoluten Funkstille. Sie ist dann total verwirrt und versteht nicht, wie es dazu kommen konnte.

Nochmal: Es macht wirklich überhaupt keinen Sinn etwas vorzugeben, das du nicht bist. Das Gesetz der Resonanz wirkt immer und macht auch vor dir keine Ausnahme.

Deine Geschichten werden sich in Dauerschleife wiederholen und das nur, weil sich deine Gefühle auf deine Ausstrahlung auswirken und magnetisch das anziehen, was du selbst in dir trägst. Verstehst du, warum es so wichtig ist, hinter seine selbst errichteten Mauern zu schauen und den Schmerz dahinter zu heilen? Ich glaube wirklich, dass es sich auf Datingplattformen zum größten Teil um Fakeprofile handelt - und ich meine nicht Heiratsschwindler oder anderweitige

Betrüger. Diese tummeln sich mit Sicherheit auch unter all den Suchenden, doch ich meine eher die Personen, die sich zwar eine Beziehung wünschen, doch schon im Erstellen des Profils an der einen oder anderen Stelle die Persönlichkeit aufpimpen.

Vor Jahren schrieb mich ein Mann auf einer Dating-Plattform an und nach einiger Zeit stellte sich heraus, dass die Bilder, die er dort veröffentlicht hatte, schon zwanzig Jahre alt waren. Macht das Sinn? Die Wahrheit kommt doch spätestens beim ersten Date ans Tageslicht. Warum schummeln Menschen mit ihrem Alter? Auch das wird herauskommen und man muss sich darüber bewusst werden, dass diese Lüge wahrscheinlich mit einer anderen Person in Resonanz geht, die ebenfalls hier und da lügt. Den Jackpott werden wir damit nicht abgreifen, denn dieser wird sich für solche Spielchen nicht begeistern können. Er weiß um sich und seinen Wert und wird sich dementsprechend im Außen präsentieren.

Ich lege meine Unsicherheiten ab und wage den Sprung ins Unbekannte

Welcher erste Gedanke kommt in dir hoch bei der Vorstellung, einer Dating-Plattform beizutreten?

Dadurch, dass ich sehr viele Narzissten und „emotional nicht verfügbare Männer" datete und selbstverständlich auch meine eigenen Muster erkannte, verfestigte sich der Gedanke, dass Dating-Plattformen ein Sammelbecken für liebessüchtige Menschen sind.

Ich bin mir sehr wohl darüber bewusst, dass diese Aussage sehr provokant ist, und dennoch sind es Erfahrungen, die ich selbst gemacht habe und die meine Coaching-Teilnehmerinnen ebenfalls bestätigen.

Was braucht es, um die Chancen zu erhöhen, auch in der Onlinewelt auf die große Liebe zu stoßen? Meiner Meinung nach bedarf es genau zweierlei Dinge: Zum einen dürfen wir unsere Angst vor der Liebe loslassen und zum anderen mehr Liebe aussenden. Je mehr du aus der Liebe heraus handelst, umso mehr Liebe wird sich in deinem Leben zeigen. Sie wird dich auf unterschiedliche und wundersame Weise finden. Häufig dann, wenn du am wenigsten damit rechnest. Mag sein, dass sich das klischeehaft anhört. Meine Erfahrungen haben mich gelehrt, dass sich Ziele weiter von mir entfernen, je verbissener ich an ihnen festhalte. Dieser Zusammenhang macht in meinen Augen durchaus Sinn. Wenn ich krampfhaft einer Beziehung hinterherjage, sende ich Mangelgedanken aus. Das Gefühl von Mangel hat nichts mit wirklicher Liebe zu tun. Ich wäge jedoch inzwischen nach meinen Erkenntnissen bezüglich der Projektionen meine Entscheidungen anhand von Liebe oder Angst ab: Handle ich aus einem Mangel heraus, einer Angst, nicht genug zu haben oder zu bekommen, wenn ich jemanden date? Oder sprudelt mein inneres Gefäß an Glück und Liebe über, um es dann mit einem Zweiten teilen zu können? Spürst du den Unterschied?

Wir dürfen unsere Motive ehrlich hinterfragen, denn das kann uns einiges an Herzschmerz ersparen. Nachdem mich Falk verlassen hatte, war ich noch lange nicht für eine neue Beziehung bereit. Es brauchte mehr als zwei Jahre, um mein Leben nicht länger vor weiterem Schmerz schützen zu wollen. Erst dann war ich dazu in der Lage, die Tür zu meinem Herzen für gegenseitige Liebe zu öffnen.

Gesagt, getan und ich datete wieder aus voller Überzeugung. Interessanterweise traf ich noch hin und wieder auf Männer mit sehr narzisstischen Tendenzen. Früher wäre ich mit ihrem vermeintlichen Glanz in Resonanz gegangen. Doch es hatte sich etwas Entscheidendes verändert. Hinter ihrem Glanz versteckte sich ein unsicherer Mann, der sich durch ein aufgeblähtes Ego beweisen musste. Das erkannte ich inzwischen sehr schnell und zog weiter. Es ist immens wichtig, sich selbst treu zu bleiben und immer wieder seine eigenen Motive zu hinterfragen. Wenn dein Gegenüber abfällige Äußerungen über dich oder andere macht, weise ihn darauf hin und überspiele es nicht mit einem völlig überzogenen Lachen. Gehe nicht mit einem Mann ins Bett, nur weil er heiß und ein vermeintlicher Booster für dein Ego ist. Erkenne deine eigenen Rollen und Masken und lege diese ab, denn nur so ist authentisches Dating möglich.

Ich will nicht allen gefallen, sondern den „Richtigen"

Authentisches Dating verkauft nichts, sondern zeigt den echten Menschen. Das war meine neue Haltung, mit der ich mich dem Dating-Markt zeigen wollte und genau diese Energie strahlte ich auch aus. Ich wählte eine Partnerbörse, die mir seriös erschien und erstellte ein Profil, das mir und meinen Werten entsprach. Wie sich schnell herausstellte, bestand der größte Teil der Mitglieder aus Suchenden, die sich über Enttäuschungen, Mangelgefühle oder andere emotionale Schmerzen hinwegtrösten wollten. Die Distanz, die durch schlechte Erfahrungen zu spüren war, hätte mich früher in die Versuchung gebracht, diese Männer von mir überzeugen zu wollen. Mittlerweile verfügte ich über die Fähigkeit der Abgrenzung und besaß genügend eigene emotionale Stabilität, sodass ich mich auf respektvolle Art verabschiedete, sobald ein Mann irgendwelche Spielchen anfing.

Es gab Zeiten, in denen ich nach Kriterien des Verstandes meinen Partner aussuchte: Aussehen, Job, Alter oder andere Dinge, die wie ein Booster auf mein Ego wirkten. Doch sind wir mal ehrlich: Bringt das auf Dauer wirklich Liebe und Nähe? Selbstverständlich ist ein schön inszeniertes Bild die Eintrittskarte, um nicht gänzlich im Meer der Angebotsvielfalt zu versinken. Wir swipen nach rechts oder links, sobald jene Person nicht unserer Idealvorstellung entspricht. Ich nehme mich da nicht raus, denn ein schlecht aufgenommenes Bild kann ein Grund sein, dass ein Mann für mich nicht in die engere Auswahl kommt. Es sind jedoch die Worte, die im weiteren Verlauf darüber bestimmen, ob ich einen Mann näher kennenlernen möchte oder nicht. Halbherzig angelegte Profile fallen bei mir sofort durchs Raster.

Ich wollte die Singlebörse optimal nutzen und erstellte ein Profil, indem ich keine Forderungen an eine potenziellen Partner stellte, sondern vielmehr das teilte, was ich selbst gerne geben und teilen wollte. Meine Intention war, dass meine Energie der Liebe durch meine Bilder und Worte fühlbar sein würden. Aus meinen vergangenen Dramen hatte ich gelernt, meinen inneren State darauf auszurichten, was ich manifestieren wollte. Von Narzissten hatte ich die Nase gestrichen voll und richtete daher meinen Fokus auf Vertrauen und Liebe aus. Bilder, auf denen ich sexy und verführerisch wirkte, hätten eine falsche Message vermittelt. Ich wählte stattdessen Fotos, die ausstrahlten, dass ich eine Frau mit Herz bin. Es gab zwar deutlich weniger Matches als noch in der Vergangenheit, in der mein Postfach überquoll, doch das störte mich nicht. Der größte Teil der Männer, die mich nun anschrieb, war sehr respektvoll, höflich und kultiviert. An einem entwickelte ich ein größeres Interesse und so kam es zu einem ganz besonderen Date, wie ich es zuvor nie kannte.

Vincent war ein Mann Anfang 50. Schon das erste Telefonat war alles andere als langweilig. Im Gegenteil. Wir teilten denselben Humor und hatten ähnliche Werte und Ansichten. Auch er war mit dem Thema Persönlichkeitsentwicklung vertraut und arbeitete in diesem Bereich. Ich empfand es als sehr angenehm, dass wir uns nicht mit Textnachrichten bombardierten, sondern uns den Raum schenkten, um den alltäglichen Dingen nachzukommen. Unsicherheiten gab es nicht, denn wir kommunizierten jederzeit offen, klar und ehrlich. Zwischen uns gab es eine Basis, die auf Wertschätzung und Respekt basierte und es fühlte sich ehrlich und authentisch an. Unser erstes Date stand an und ich nahm mir vor, einfach nur mein Herz sprechen zu lassen. Ich wollte wissen und fühlen, was Vincent wirklich bewegt. Wie denkt er über das Leben? Wie über Menschen? Welche Träume und Wünsche hat er? Was fürchtet er und sieht er sich als Opfer?

Das Risiko, dem Ego des Mannes zum Fraß vorgesetzt zu werden, kannte ich schon aus der Zeit, als für mich andere Werte zählten. Gefallen um jeden Preis. Sowohl ich dem Mann, als auch er mir und den Menschen um uns herum, besonders was das Äußere angeht. „Was für ein oberflächliches Geplänkel?", dachte ich inzwischen. Nun, alles hat seine Zeit und für mich zählten nun andere Werte. Vincent und ich verbrachten sehr schöne Stunden miteinander und ich hatte zu keinem Zeitpunkt das Gefühl, dass einer von uns beiden dem anderen etwas vormacht. Es war eine ehrliche Begegnung auf Augenhöhe, in der es nicht darum ging, dem anderen zu gefallen.

Leider hatte es zwischen uns nicht gefunkt, doch wir erlebten unser Zusammensein als eine Bereicherung und mit gegenseitiger Achtung. Es zeigte mir nochmal mehr auf, worauf es im Leben wirklich ankommt. Wir dürfen die Angst vor Ablehnung loslassen, denn es ist der absolute Wahnsinn, allem und jedem gefallen zu müssen. Stattdessen dürfen wir mutig losgehen, unseren Herzmagneten aktivieren und auf wundersame Weise das anziehen, was wir uns wirklich so sehr wünschen. Bedenke, du wirst immer bekommen, worauf du deinen Fokus richtest!

Kennenlernphasen laufen dann entspannt ab, wenn man sich von Anfang an authentisch zeigt und das funktioniert eben nur ohne Masken. Auch online ist es möglich, den Wunschpartner anzuziehen, mit dem eine „echte" Beziehung möglich ist.

Meine Gedanken

5

Kapitel 5:
Ich bin genug!

Thesen:

- Die Beziehung zu uns selbst entscheidet darüber, wie wir Beziehungen im Außen erleben
- Zur Schau gestellte Unabhängigkeit basiert oft auf nicht gelöster Bindungs- oder Verlustangst
- Sich unabhängig von einem Menschen zu machen ist ein wichtiger Schritt zur Selbstheilung.
- Selbstliebe wird gerne mit Narzissmus verwechselt.
- Der Schlüssel zum „Glück" ist die Gestaltung des eigenen Lebens, in Unabhängigkeit zu einem anderen Menschen.

Ab jetzt liebe ich mich selbst - Jetzt bin ich dran

Ich hatte durch meine toxischen Beziehungen etwas Entscheidendes gelernt: Es gibt keine wichtigere Beziehung im Leben als die zu sich selbst. Gerade in meinen selbstzerstörerischen Phasen lebte ich alles andere als eine gesunde Beziehung zu mir und meiner inneren Welt. Statt mir die Aufmerksamkeit zu schenken, die ich brauchte, stellte ich meine Bedürfnisse hintenan und nahm die Menschen um mich herum wichtiger. Die entscheidende Frage ist doch: Wenn ich nicht selbst gut für mich sorge, wer tut es dann?

Im Prinzip ist es uns allen klar. Je kritischer wir mit uns umgehen, umso trauriger werden wir uns am Ende eines Tages fühlen. Selbstliebe beginnt in dem Augenblick, wo ich die Verantwortung für mein Wohlergehen übernehme. Zum damaligen Zeitpunkt projizierte ich meine unerfüllten Bedürfnisse auf meine Partner, doch davon wollte ich nach meiner toxischen Beziehung Abstand nehmen. Mein Unglück entstand nicht erst in irgendeiner Beziehung. Es war schon zuvor in mir und ich nahm es überall mit hin. Wir können ja nicht vor uns selbst flüchten, auch wenn der Wunsch manchmal da ist. Wenn ich ehrlich bin, überlagerte ich meine Beziehungen mit Erwartungen, die kein Mensch erfüllen konnte. Immerzu Sonnenschein und Harmonie wollte ich. Mit meinem neu gewonnenen Bewusstsein weiß ich allerdings, dass wenn nur immerzu die Sonne scheint, ohne Wind und ohne Regen, irgendwann nur noch Wüste vorzufinden ist.

Das, was mich von meinem Glück abgehalten hatte, waren meine Glaubenssätze und die Brille, durch die ich auf meine Welt sah. Sich einen Partner an der Seite zu wünschen, mit dem man gemeinsam die Höhen und Tiefen des Lebens beschreiten kann ist ganz natürlich, schön und hilfreich. Doch darf ich meine Verantwortung für mein Leben nicht auf meinen Partner übertragen. Er ist nicht der Samariter und muss meine Aufgaben lösen. Dadurch werde ich nicht selbstständiger, sondern blockiere den Fluss meines persönlichen Wachstums.

Die Trennung von Falk lag nun schon lange zurück und ich hatte sehr viel über mich herausgefunden. Vielleicht fragst du dich, wie auch ich damals, wie du mehr Selbstliebe leben und dein inneres Glück finden kannst? In erster Linie bedeutet es, dass du die volle Verantwortung für dein Wohlbefinden übernimmst. Das klingt im ersten Moment vielleicht unsexy und langweilig, gleichzeitig verleiht es dir Flügel, um dich auf neue und wundersame Weise kennenzulernen.

Es geht darum, mit dir in Verbindung zu kommen, neue Seiten an dir zu entdecken und vor allem, und das ist das Wichtigste, einen liebevollen Umgang mit dir zu erlernen und zu leben.

Ich kann mich noch sehr gut an die Zeit erinnern, als meine innere Transformation auch nach außen sichtbar wurde. Meiner Tochter machte es etwas Angst, denn sie befürchtete, dass wir uns verlieren würden. „Bitte vertraue mir, das Gegenteil wird eintreten." Meine Worte konnten sie beruhigen, das spürte ich ganz deutlich. All die Jahre versteckte ich mich hinter Masken, die mein wahres

Sein unterdrückten. Nun wollte ich herausfinden, wer ich in Wirklichkeit war und welche Frau ich zukünftig sein wollte. Es war für mich der einzige Weg, um mein Wohlbefinden und Selbstwert mit gleichzeitiger Lebensfreude zu erhalten.

Es gab Menschen, die meinen Weg massiv verurteilten und mir vorwarfen, dass mein Weg egoistisch und narzisstisch sei. Natürlich tat dieser Vorwurf weh, doch ich ließ mich nicht beirren. Das erste Mal in meinem Leben war ich bereit, für mich selbst mit aller Konsequenz loszugehen und einzustehen.

Viele von uns, und ich vermute auch du, sind mit der Geschichte groß geworden, Mädchen müssen brav, bescheiden und aufopferungsvoll sein. Daraus schlussfolgerten wir, dass es in erster Linie um die anderen geht und sobald wir uns um uns selbst kümmerten, empfanden wir Schuldgefühle. Aus mangelnder Selbstfürsorge erschöpfen wir Frauen uns deswegen nicht nur im Job, sondern auch in unseren Beziehungen. Ich habe im Laufe meines Prozesses etwas Wichtiges gelernt. Fürsorglich mit sich selbst zu sein bedeutet, sich selbst niemals zu vergessen. Nur, wenn du selbst dafür Sorge trägst, auf deine Gesundheit, dein Wohlbefinden und dein Glück zu achten, kannst du dein Umfeld und diese Welt bereichern. Das Ziel, Selbstliebe zu fühlen und zu leben, schien mir im ersten Moment noch sehr weit entfernt zu sein. Dennoch wollte ich mich davon nicht entmutigen lassen und schmiedete Pläne, wie ich die nächsten Monate mit mir verbringen wollte. Mein Vorhaben untermauerte ich in einer Absichtserklärung, eine Art Herzversprechen, um meine Selbstliebe tatsächlich zu manifestieren.

Mein Herzversprechen

„Ich verspreche mir, auf mein Herz aufzupassen und mich täglich darin zu üben, auf meine Bedürfnisse zu achten. Ich nehme meine Gedanken, Bewertungen und Verurteilungen bewusst wahr, indem ich mich in Achtsamkeit übe. Außerdem übernehme ich die volle Verantwortung für meine Gefühle und das Leben, das ich mir erschaffe. Ich bin bereit, meine Verletzungen der Vergangenheit zu heilen und übernehme für meine Ergebnisse die volle Verantwortung. Der richtige Moment, um damit anzufangen ist JETZT! Ich bin bereit, mein altes Ich in Liebe loszulassen. Herzlichst, Martina."

Es muss klar sein, dass es nicht ausreicht nur darüber nachzudenken, eine Veränderung herbeizurufen. Es braucht die tägliche Präsenz und Hingabe, mit der wir uns selbst wichtig nehmen. Für mich bedeutet Selbstliebe außerdem, zu mir selbst bedingungslos JA zu sagen.

- Ja zu meinen Schwächen
- Ja zu meinen Unzulänglichkeiten, die es vielleicht noch hier und da gibt
- Ja zu meinen Gefühlen
- Ja zu meinen Gedanken
- Ja zu meinen Schmerzen
- Ja zu meinen Ängsten
- Ja zu meiner persönlichen Geschichte
- Ja zu dem, was ist

Ich wollte früher alles, was sich nicht so angenehm anfühlte weghaben und baute dadurch gleichzeitig Widerstände dagegen auf. Wie ich feststellen musste, wurde das, was ich ablehnte, im Gegenzug größer. Somit durfte ich lernen, mich in Akzeptanz üben. Das war alles andere als einfach, doch auch hier macht Übung den Meister und meine tägliche Bereitschaft verhalf mir dann auch zum Erfolg.

Ich sprach bedingungslos das aus, was ich in dem Moment wahrnehmen konnte.

- Ja, ich denke gerade an meinen Ex
- Ja, ich fühle mich gerade alleine
- Ja, ich habe Angst
- Ja, ich fühle mich gerade überfordert
- Ja, ich hadere gerade mit meiner Vergangenheit
- Ja, ich fühle mich zu dick
- Ja, ich finde es gerade anstrengend

Spürst du den Unterschied, wenn du Ja zu dem sagst, was doch sowieso da ist? Ja bedeutet nichts anderes, als dem zuzustimmen, was sich gerade zeigt, unabhängig davon, ob du das gut findest oder nicht. Deine bedingungslose Akzeptanz lockert sofort den Griff und gleichzeitig entspannen sich Körper und Geist. Du kommst deutlich schneller wieder bei dir an. Wir dürfen uns übrigens von dem Gedanken befreien, uns jeden Tag in Selbstliebe baden zu können oder zu müssen. Wir erleben doch alle die Tage, an denen einfach nichts klappen will und es sich so anfühlt, als wäre die Welt, ja sogar das gesamte Universum gegen uns. Auch dafür habe ich eine einfache Glücksformel entwickelt: „Shit happens, next play"

Ich atme quasi ein paar Mal in mich hinein und schaue, ob ich gerade an einer Lösung interessiert bin oder für mich diesen Zustand einfach akzeptieren kann.

Auch das ist wieder ein Ja und somit die Akzeptanz dessen, was ist. Vielleicht kommen bei dir nun Gedanken auf wie: Bin ich dann nicht einfach nur eine Ja-Sagerin und verdränge den eigentlichen Schmerz? Ich kann deine Gedanken sehr gut verstehen, doch es geht um so viel mehr als das. In solchen Momenten kannst du Gelassenheit lernen, denn du identifizierst dich nicht mit deinen Gedanken oder dergleichen. Du lernst, diese eher neutral wahrzunehmen und schaust für dich und mit etwas Abstand, was du als nächstes brauchst, um dir in einen besseren Zustand zu verhelfen.

Wenn du in den Widerstand gehst, weil du etwas weghaben willst, bist du oftmals kaum in der Lage, einen Lösungsansatz zu finden. Du bist dann viel zu sehr damit beschäftigt gegen das, was ist anzukämpfen. Erkennst du den Unterschied? Für mich war das ein wertvolles Tool, um in die Selbstakzeptanz zu kommen, denn auch das ist ein Akt der Selbstliebe. Auch in mir gab es eine Stimme, die sich nach Wertschätzung, positiver Rückmeldung von Menschen um sich herum und Liebe sehnte. Ein ganz natürliches Bedürfnis.

Es war der liebevolle Blick auf mich und die Gespräche mit mir selbst, die ich verändern wollte. Viel zu lange schon wertete ich mich selbst ab, was mir dann wiederum im Außen, stellvertretend durch andere Menschen und insbesondere durch Partner gespiegelt wurde. Mein vernichtendes Urteil über mich hatte meinem Selbstwert so zugesetzt und geschadet. Damit sollte nun endlich Schluss sein. Ich wollte mich mutig wieder neu finden, unabhängig von Partnern, Eltern, Freunden oder Kindern. Das hielt ich für mehr als erstrebenswert. Ich hatte es so satt, mich über irgendwelche Rollenbilder oder Erwartungen zu definieren. Es gab Stimmen aus meinem Umfeld, die alles andere als erfreut waren, als ich mich für eine unbestimmte Zeit zurückzog. Das schillernde Nachtleben passte nicht mehr zu der Frau, in die ich mich entwickelte.

Ich erfinde mich neu – wie es sich für mich stimmig anfühlt

Ich gab mir ein Commitment, mich ehrlich und konsequent mit meinem tieferen Selbst, insbesondere meinem Schatten, auseinanderzusetzen. Gesagt – getan. Im weiteren Step ging es für mich darum, meine Absicht in die Praxis umzusetzen. Ich muss ehrlich gestehen, dass ich sichtlich Freude daran hatte, aktiv mein Leben selbst in die Hand zu nehmen und umzugestalten. Zuerst besorgte ich mir bunte Kärtchen, auf die ich selbstbekräftigende Worte schrieb und diese auf meinem Badezimmerspiegel klebte. Darauf standen Botschaften, wie: „Ich schaffe das, was ich mir vornehme.", „Ich bin gut so, wie ich bin.", „Ich bin es wert, geliebt zu werden." und noch viele andere liebevolle Worte. Von nun an sagte ich mir bei jedem Blick in den Spiegel meine neue Wahrheit über mich auf. Du kannst dir sicherlich vorstellen, wie lächerlich ich mir am Anfang vorkam, denn natürlich fand ich tausend Gründe, warum diese Worte nicht wahr sein konnten. Doch zum Glück glaubte ich so sehr an meine Veränderung und verstand, dass eine Umprogrammierung des alten Systems nicht über Nacht geschehen konnte. Den Spagat zwischen Theorie und Praxis haben wir bereits von Kindesbeinen an gelernt. Wie haben wir das Laufen, Fahrradfahren, Schwimmen oder auch das Autofahren gelernt? Durch die Wiederholung. Jede Fähigkeit lebt dadurch, dass wir sie immer wieder und so oft wie möglich wiederholen. Die neuen Vorstellungen erhalten ausreichend Energie, die dann an unser Unterbewusstsein weitergeleitet wird und zu einem neuen Glauben führt.

Für mich stand fest, dass ich das durchziehe, was ich angefangen hatte und es dauerte noch ein paar Wochen, bis ich mich zum ersten Mal im Spiegel ansah und ein lautes Ja aussprach. Was für ein magischer Moment das damals war! Zum ersten Mal konnte ich einen Hauch von Selbstliebe in mir spüren. Mein Kopf und Herz sprachen dieselbe Sprache und das wollte ich noch mehr verinnerlichen. Es reichte nicht aus, mir nur bei dem Gang auf die Toilette einmal kurz meine liebgewonnenen Affirmationen aufzusagen. Um neue Netzwerke in meiner Hirnregion hervorzurufen, brauchte es eine neue Sprache, damit mein altes System mit dem Neuen kollidierte. Mein Journal führte ich konsequent, worin ich ebenfalls Affirmationen niederschrieb und mich jeden Morgen und Abend in Dankbarkeit übte. Die Meditation war ebenfalls ein kraftvolles Werkzeug, um noch mehr Selbstliebe in mich fließen zu lassen. Von Woche zu Woche verlor meine Vergangenheit an Macht über mich. Vielleicht denkst du dir gerade: „Wenn das mal alles so einfach wäre, bei Martina klingt das alles so locker."

Das war es bei weitem nicht, denn mein altes Selbstsabotageprogramm lief bereits über vierzig Jahre lang in mir ab. Doch ich hatte eine enorm starke Selbstdisziplin entwickelt und mittlerweile sichtlich Spaß daran, jeden Tag über mich hinauszuwachsen. Meditiere jeden Tag, wähle bekräftigende Worte, sobald ein destruktiver Glaube dich im Alltag einholt. Fühle immer wieder in dich hinein und nimm wahr, ob sich etwas in dir zeigen möchte und du wirst bei konsequenter Anwendung eine Veränderung spüren.

Selbstliebe bedeutete für mich auch, dass ich meine Wohnung so gestaltete, dass ich ein lautes Ja aussprechen konnte. Ich wollte meine Energie spüren und nicht mehr die meiner Ex-Partner. Mein Schlafzimmer assoziierte ich mit meinen vergangen Liebespartnern und auch hier durfte Veränderung vorgenommen werden. Ich gestaltete es so, dass sich jeder Winkel meines Reiches nach mir anfühlte. Ein neues Bett musste her, neue Vorhänge, selbst die Bilder tauschte ich aus. Ja, nun konnte ich mich in einer neuen Energie wiederfinden.

Der Schlüssel zum „Glück" ist die Gestaltung des eigenen Lebens in Unabhängigkeit zu einem anderen Menschen. Zum ersten Mal konnte ich fühlen, wie kraftvoll es war, etwas nur für mich zu tun. Was für andere Menschen selbstverständlich war, erlebte ich zum ersten Mal. Für meine Partner deckte ich den Tisch zum Essen sehr liebevoll ein, nur für mich alleine sah ich darin keine Notwendigkeit. Das änderte ich sofort und erlebte eine neue Seite an mir. Es fühlte sich so gut an, liebevoller mit mir zu sein. Während ich diese Zeilen schreibe, denke ich an mich, an die Frau, die ich einst war. Unsicher und von der Selbstliebe meilenweit entfernt. Ich frage mich, ob ich jemals für mich losgegangen wäre, wenn ich nicht all die schmerzhaften Erfahrungen gemacht hätte? Wir wissen es nicht und werden es vermutlich auch niemals erfahren.

Ich machte es mir von nun an zu meiner täglichen Aufgabe, mich so anzunehmen, wie ich zum damaligen Zeitpunkt war. Natürlich gab es ein Idealbild in mir, welche Frau ich gerne sein würde, doch es war eine weitere Falle meines Egos, in die ich immer mal wieder tappte. Meine Vorstellung war weitab von dem, was ich derzeit darstellte und wertete mich für Eigenschaften und Merkmale ab, die meinem Idealbild nicht entsprachen. Was für eine Selbstsabotage in dem Moment, denn mein Streben nach Perfektion hinderte mich daran, durch Selbstannahme ins Gleichgewicht zu kommen. Zu meinen Stärken gehören nun mal auch meine Schwächen beziehungsweise sind sie die zwei Pole ein und derselben Sache. Das ist das Prinzip von Yin und Yang. Niemand ist perfekt und was bedeutet es überhaupt, perfekt zu sein? Ich durfte für mich verinnerlichen, dass es vielmehr darauf ankommt, ob ich in Disharmonie lebe oder in Balance. In dem Augenblick, als ich begann, nicht mehr gegen mich anzukämpfen, entspannte sich mein Leben. Mein Fokus richtete ich ausschließlich auf meine Stärken und das, was ich mir Tag für Tag erarbeitete. Das

Leben, was ich zuvor mit Partnern lebte, gab es nicht mehr. Mit jeder Positionierung und mit jeder getroffenen Entscheidung, für mich und meine Bedürfnisse einzustehen, wurde ich standpunktsicherer. Mein Innerstes kehrte ich mit jedem weiteren Tag in die äußere Welt und ich war so unfassbar stolz auf meine Entwicklung. Die Sucht nach Bestätigung verspürte ich kaum noch, denn meine Wichtigkeit verlagerte sich auf die Dinge, die ich tagtäglich umsetzte. Alles, was ich zuvor lebte, grenzte eher an Oberflächlichkeit, wie Statussymbole, Schönheitsideale oder irgendetwas, was der Gesellschaft entsprach. Jedoch nicht mir. Mein Therapeut beschrieb es damals in meiner Therapie auf den Punkt genau: „Martina, du bist wie eine Blume, deren Knospen sich allmählich öffnen und sie zu einer wunderschönen Blume verwandeln." Ich finde die Vorstellung so zauberhaft, denn es beschreibt persönliches Wachstum in seiner ganzer Vielfalt. Selbstliebe fließt dann zu uns, wenn wir nicht länger mit uns hadern, sondern uns so akzeptieren, wie wir derzeit sind. Es hat insofern positive Auswirkungen auf dein Leben, da deine Persönlichkeitsentwicklung immer wieder aufs Neue angestoßen wird.

Als ich mich selbst zu lieben begann - Charlie Chaplin

Als ich mich selbst zu lieben begann, habe ich verstanden, dass ich immer und bei jeder Gelegenheit zur richtigen Zeit am richtigen Ort bin und alles, was geschieht, richtig ist. Von da an konnte ich ruhig sein. Heute weiß ich: Das nennt man VERTRAUEN.

Als ich mich selbst zu lieben begann, konnte ich erkennen, dass emotionaler Schmerz und Leid nur Warnungen für mich sind, gegen meine eigene Wahrheit zu leben. Heute weiß ich: Das nennt man AUTHENTISCH - SEIN.

Als ich mich selbst zu lieben begann, habe ich aufgehört, mich nach einem anderen Leben zu sehnen und konnte sehen, dass alles um mich herum eine Aufforderung zum Wachsen war. Heute weiß ich: Das nennt man REIFE.

Als ich mich selbst zu lieben begann, habe ich aufgehört, mich meiner freien Zeit zu berauben und ich habe aufgehört, weiter grandiose Projekte für die Zukunft zu entwerfen. Heute mache ich nur das, was mir Spaß und Freude macht, was ich liebe und was mein Herz zum Lachen bringt, auf meine eigene Art und Weise und in meinem Tempo. Heute weiß ich: Das nennt man EHRLICHKEIT.

Als ich mich selbst zu lieben begann, habe ich mich von allem befreit, was nicht gesund für mich war, von Speisen, Menschen, Dingen, von

Situationen und von Allem, das mich immer wieder hinunterzog, weg von mir selbst. Anfangs nannte ich es gesunden Egoismus, aber heute weiß ich: Das ist SELBSTLIEBE.

Als ich mich selbst zu lieben begann, habe ich aufgehört, immer recht haben zu wollen, so habe ich mich weniger geirrt. Heute habe ich erkannt: Das nennt man DEMUT.

Als ich mich selbst zu lieben begann, habe ich mich geweigert, weiter in der Vergangenheit zu leben und mich um meine Zukunft zu sorgen. Jetzt lebe ich nur noch in diesem Augenblick, wo ALLES stattfindet. So lebe ich heute jeden Tag und nenne es BEWUSSTHEIT.

Als ich mich selbst zu lieben begann, da erkannte ich, dass mich mein Denken armselig und krank machen kann. Als ich jedoch meine Herzenskräfte anforderte, bekam mein Verstand einen wichtigen Partner. Diese Verbindung nenne ich heute HERZENSWEISHEIT.

Wir brauchen uns nicht weiter vor Auseinandersetzungen, Konflikten und Problemen mit uns selbst und anderen zu fürchten, denn sogar Sterne knallen manchmal aufeinander und es entstehen neue Welten. Heute weiß ich: DAS IST DAS LEBEN!

Liebe zum Körper -

Dein Körper hört alles, was dein Kopf sagt

Ich muss ehrlich gestehen, dass ich früher alles andere als eine gute Beziehung zu meinem Körper führte. Durch meine eigene negative Betrachtungsweise stellte er ein Hindernis dar, sowohl in der Erfüllung meiner Beziehungen als auch im Bereich Sexualität. Im Vergleich zu den Schönheiten, die ich im Außen überall zu sehen glaubte, schnitt ich durch meinen kritischen und erbarmungslosen Blick vor dem Spiegel ziemlich schlecht ab.

Der Bauch, der in meinen Augen zu vernarbt war, die Beine zu kurz und zu dick und nicht zu vergessen mein Po, der von der Erdanziehungskraft ebenfalls nicht verschont wurde. Ich könnte die Liste meiner körperlichen Mängel noch ewig weiterführen, denn es gab nicht viel, was ich mit voller Überzeugung an mir mochte. Ein Blick in den Spiegel reichte aus, um mich hässlich und wertlos zu fühlen. Seit meiner Kindheit war ich es gewohnt, vernichtende Worte über meinen Körper zu erhalten. Meine Mutter erzählte mir irgendwann einmal, dass sich mein Vater so sehr für mein Aussehen schämte, dass er mich auch als Baby nicht mit dem Kinderwagen ausführen wollte. Was mir in Erinnerung geblieben ist, waren die anzüglichen Blicke meines Vaters, als ich von einem Kleinkind zu einem Mädchen heranwuchs, das sich allmählich entwickelte. Ich fühlte mich beschämt und irritiert, denn unterschwellig verstand ich sehr wohl, dass diese Blicke nicht normal für einen Vater waren. Es fiel mir schwer, einen natürlichen und liebevollen Zugang zu meiner

Weiblichkeit aufzubauen. Meine Mutter war jedes Mal peinlich berührt, sobald ich das Schlafzimmer betrat, während sie sich gerade anzog. Ich schlussfolgerte daraus, dass es nicht in Ordnung ist, seinen Körper zu zeigen. Mein Vater beschimpfte nicht nur mich, auch meine Mutter war seinen frauenfeindlichen Abwertungen täglich ausgeliefert. Mit einer sehr großen Distanz zu meinem Körper baute ich mir ein Feindbild auf, das sich durch mein gesamtes Leben zog. Durch eine noch bessere Diät oder übertriebenen Sport wollte ich weiterhin in ein Idealbild hineinpassen, das es nur in meiner Scheinwelt gab. Das Fatale daran war, dass ich damit lediglich meinen Schmerz unterdrücken wollte, der hinter meinem eigentlichen Kontrollzwang loderte. Meine Kontrolle besänftigte nur die Oberfläche, während die Wurzel weiterhin eiterte und entzündet war. Meine Sehnsucht nach Bestätigung war immens groß, sodass ich als erwachsene Frau durch kurze Röcke und Tops, deren Ausschnitte bis zum Bauchnabel reichten, auffallen wollte. Mit aufgesetzter Koketterie und weiblicher Provokation suchte ich die Bestätigung und Aufmerksamkeit der Männer. Diese erhielt ich dann in Form von Schmeicheleien und lockeren Bettgeschichten. Mein Körper erfüllte den reinen Zweck der Lustbefriedigung, doch glücklich wurde ich dadurch nicht. Eher wurde ich darin bestätigt, wie wertlos ich beziehungsweise mein Körper war. Es waren meine Worte, die meinen Körper schwächten, denn ich machte ihn dafür verantwortlich, wenn es wieder einmal nicht mit einem Mann funktionierte.

- Du bist fett
- Du bist so hässlich
- Ich hasse dich
- Dein Anblick widert mich an
- Hässliche Zellulite
- Fetter Arsch
- Pickelface

Ich hatte immer wieder mit Gewichtsschwankungen zu tun. Kein Wunder, denn wie ich lernen durfte, erschaffen auch hier meine Worte meine Realität. Sage ich mir immerzu, wie fett ich bin, muss mein Körper alles einlagern, was er bekommen kann, wie Fett, Wasser usw.

In jeder Zelle meines Körpers speichern sich meine Verachtung und Ablehnung ab und ließen ihn zu dem werden, wodurch er geprägt wurde. Aber auch die schönen Erfahrungen und Erinnerungen, in denen ich Liebe spürte, zärtliche Berührungen ausgetauscht wurden, sowie Nähe und Achtung, haben ebenfalls Spuren in meinem Körper hinterlassen.

In meinen Partnerschaften hörte ich selten wertschätzende Worte über meinen Körper, eher so etwas wie: Geile Titten, griffiger Arsch und weitere Worte, die von Wertschätzung und liebevoller Zuwendung sehr weit entfernt waren.

Ja, ich muss erneut ehrlich gestehen, dass die Trennung von Falk das größte Geschenk für mich und meine Entwicklung war. Ich lernte mich in meinem Sein dadurch auf so vielen Ebenen ganz neu kennen.

Den eigenen Körper annehmen

Das Schöne war, dass ich mich nach der Trennung bewusst dazu entschlossen hatte, eine unbestimmte Zeit alleine zu bleiben. Ich spürte, dass es erst einmal wichtiger war, eine liebevolle Beziehung zu mir selbst aufzubauen. In dieser Zeit konnte ich endlich meinen Kampf um ein perfektes Bild nach außen loslassen. Es war so befreiend, nicht jeden Tag meine Beine zu rasieren oder darauf zu achten, dass die Frisur saß. Mal abgesehen davon hätte es sich Falk gewünscht, mich mal völlig natürlich zu sehen. Da durfte ich für mich erstmal lernen, das Haus auch ungeschminkt zu verlassen. Es war alles andere als einfach für mich, denn über mein Äußeres wurde ich so lange wie ich denken konnte definiert.

Oh mein Gott, war das schön, morgens nicht mehr eine Stunde im Bad zu verweilen, sondern nach zehn Minuten ein freudiges Ja auszusprechen. Immer wieder kam auch meine alte Stimme zum Vorschein, die mir zuflüsterte, dass ich niemanden mehr abkriegen würde. So viele Frauen kennen diese Selbstzweifel und setzen sich täglich unter Druck zum Sport zu gehen, um Idealmaße zu erreichen. Ich wollte meinen Körper nicht mehr so vorwurfsvoll und lieblos begegnen, sondern mit Liebe und Wertschätzung. Es fing mit den kleinen Dingen an, auf die ich sonst keinen Wert legte. Nach dem Duschen trocknete ich mich nicht wie gewohnt schnell und kaltherzig ab, sondern nahm achtsam jede Berührung wahr. Für das anschließende Eincremen plante ich besonders viel Zeit ein, denn es fühlte sich unfassbar schön an, meine Hände auf meiner Haut zu spüren. Anstatt mich täglich ins Sportstudio zu schleifen, ging ich in die Natur und umarmte Bäume. Mein Körper durfte einfach nur mal sein und es ging ihm, und somit auch mir, von Tag zu Tag besser. Nicht ständig funktionieren zu müssen, war für mich eine neue Erfahrung und mein Ego machte in dieser Zeit sehr viele Überstunden. Es redete mir die schlimmsten Dinge ein, doch ich folgte der angsteinflößenden Stimme nicht mehr. Stattdessen ging ich meiner morgendlichen Routine nach, mich nackt vor den Ganzkörperspiegel hinzustellen, um mich zu betrachten. Auch das war ein wichtiger Schritt, um mich mehr und mehr mit meinem Körper vertraut zu machen.

Es ist niemals zu spät, seine Einstellung zu sich und seinem Körper zu verändern. Dass das möglich ist, durfte ich auch noch mit über vierzig Jahren erkennen und erleben. Meinem Körper das zu schenken, was ihn nährt und in neuem Glanz aufblühen lässt, hatte ich ihm viel zu lange verweigert und damit wollte ich sofort aufhören. Auch die Vorstellung, wie ich zukünftig Sexualität für mich erleben wollte, manifestierte ich mit einer liebevollen Absicht. Der grobe Akt der Intimität kam in meiner Zukunft nicht mehr vor, stattdessen Zärtlichkeit auf allen Ebenen. Mag sein, dass sich das für einige Menschen nach Blümchensex anfühlt, doch ich habe mich in der Sexualität voll ausprobiert und ausgelebt und weiß nun ganz genau, was mein Körper und ich brauchen, um wirklich befriedigt zu sein.

Mein Körper ist mein Tempel und mein Zuhause und so wollte ich ihn zukünftig auch behandeln.

Ich danke meinem Körper

Um mich mit meinem Körper zu versöhnen und Frieden zu schließen, nahm ich mir Zeit, um ihm einen Brief zu schreiben. Das klingt vielleicht etwas fremd für dich, doch die Magie liegt im Schreiben und dem anschließenden Loslassen.

So schrieb ich nieder:

Lieber Körper,
ich möchte dir einen Brief schreiben, denn ich fühle das erste Mal in meinem Leben so etwas wie Liebe zu dir. Eine leise Stimme flüsterte mir zu, mich liebevoll um dich zu kümmern, denn ich möchte, dass es dir gut geht. So oft habe ich deine Hilferufe überhört und bin über deine Bedürfnisse hinweggegangen. Ich bin sehr lieblos mit dir umgegangen, was ich zutiefst bedauere. Du musstest in einem Umfeld leben, indem du beschimpft, bespuckt, geschlagen und nicht geachtet wurdest. Über mehrere Jahrzehnte hinweg hast du keine Wertschätzung erfahren und stattdessen verachtende Worte erduldet. Anstatt mich gut um dich zu kümmern, vernachlässigte ich dich sträflich. Es tut mir leid, dass ich keine echte Verbindung zu dir hatte und ich dich behandelt habe, als wärest du unsterblich.

Ich danke dir, dass dein Herz niemals aufgehört hat für mich zu schlagen und dass ich durch deine Existenz leben darf. Ich danke dir, dass du mir ermöglichst, das Wundervolle dieser Erde, durch deine Augen sehen zu dürfen. Durch deine Komplexität ist es möglich, persönliches Wachstum zu erleben und du versorgst jede Zelle mit einer unglaublichen Energie. Ich spüre, dass du mir nicht böse bist, sondern dich vielmehr darüber freust, dass ich den Weg zu dir gefunden habe. Du schenkst mir eine weitere Chance, damit wir uns kennenlernen und endlich sehr viel Zeit miteinander verbringen können. Du warst stets treu an meiner Seite und dafür danke ich dir unendlich. Ich möchte dir endlich all die Aufmerksamkeit und liebevolle Zuwendung schenken, die du verdienst und wünsche mir für uns, dass wir gemeinsam glücklich werden. Du verdienst eine warme und herzliche Atmosphäre und Nahrung, die für ein gesundes Leben notwendig ist.

Ich liebe dich, das fühle ich und ich entschuldige mich für all das Leid, dass ich dir zugefügt habe.

Du bist für mich ein Geschenk und dafür danke ich dir aus tiefsten Herzen,

deine Martina

Danke, danke, danke

Was will mir mein Körper sagen?

Eine Krise beinhaltet auch immer etwas Positives, denn das Leben spricht in vielen Sprachen mit uns. Sich über den Körper mitzuteilen ist nur eine mögliche Ausdrucksform, derer sich das Leben bedient. Indem wir lernen, ihn zu verstehen, verstehen wir uns und auch das Leben besser. Ein wahres Wunderwerk, das uns in jedem Moment mitteilt, sobald wir von unserem Pfad des Lebens abkommen. Nur oftmals passiert es, so auch bei mir, dass bestimmte Signale nicht ernst genommen werden oder einfach darüber hinweggegangen wird. Mein Immunsystem wurde systematisch geschwächt, sobald ich mich wieder in einer ungesunden Beziehung befand. Ein grippaler Infekt jagte den nächsten und aus einer leichten Magenverstimmung wurde eine schwere Magenschleimhautentzündung.

Der körperliche Ausdruck „Krankheit" war nur das Symptom. Die Disharmonie meines Bewusstseins war die Ursache und gleichzeitig die Aufforderung, meinen derzeitigen Weg zu verlassen. Wir bekämpfen alles Mögliche mit Medikamenten, doch die Ursache bleibt oftmals unberührt. Mein Burnout zum Beispiel war ein Appell des Lebens an mich, dass ich in die tieferen Schichten meines Unterbewusstseins eintauchen darf, um Verletzungen in mir zu heilen.

Es braucht nicht nur die körperliche Hygiene. Wir sollten auch auf eine regelmäßige Gedankenhygiene achten, damit unser Körper ausreichend mit positiver Energie versorgt wird.

Bei anderen Menschen fällt es uns deutlich leichter, liebevoll mit ihnen und ihren Körpern umzugehen. Nur bei uns selbst handeln wir sehr fahrlässig.

Das beste Beispiel ist das Auto. Leuchtet dort irgendwo ein Lämpchen rot auf, ist der nächste Schritt der Gang in die Werkstatt. Unser Körper kann gar nicht anders als uns durch Krankheiten zu zeigen, dass wir nicht mehr auf unserem Pfad sind. Seit fast einem Jahr habe ich einen Tinnitus und die Ursache liegt darin, dass ich oftmals nicht meiner inneren Stimme gefolgt bin. Rückblickend wurden mir zuvor sehr viele Zeichen geschickt, die besagten: „Martina, das ist nicht dein Weg, bitte sorge wieder für eine innere Ausgeglichenheit.", aber ich ignorierte sie. Mein Tinnitus ist mittlerweile mein bester Freund, denn er klingelt mal lauter und mal auch leiser, je nachdem, wie liebevoll ich mit mir in Kontakt stehe. Eine Pille einzuschmeißen wäre im ersten Moment vielleicht einfacher, doch die Ursache ist damit nicht behoben. Es kommt darauf an, wieder mehr auf seinen Körper zu hören, herauszufinden was er uns sagen will und dementsprechend auch darauf zu hören. Das harmonische Zusammenspiel der verschiedenen Komponenten Gedanken, Gefühle, Kommunikation und auch Handeln, deren Einklang sich positiv auf unseren Körper auswirkt. Ich spreche aus Erfahrung, wenn ich sage: „Es ist der unbequemste Weg und dennoch der Effektivste!"

Durch unterschiedliche Lebenskrisen erhielt ich das Geschenk, mich selbst und auch meinen Körper besser kennenzulernen. Vielleicht denkst du dir gerade, dass das alles nicht so einfach ist. Ich verstehe dich. Es ist nicht einfach – das stimmt. Doch bedenke bitte, dass du nur dieses eine Leben hast und wir auf dieser wunderschönen Welt nur zu Gast sind. Veränderung ist kein Sprint, um das Ziel so schnell wie möglich zu erreichen. Ich habe insgesamt acht Jahre gebraucht, um der Mensch zu sein, der ich heute bin. Die Notwendigkeit besteht darin, sich aus dem Korsett des Opfers zu befreien und selbstbestimmt sein Leben zu gestalten. Wir können in jedem Moment entscheiden, in welche Richtung wir unser Leben beschreiten. Wenn ich mich nicht aufhalte, kann mich nichts und niemand aufhalten.

Eine liebevolle Beziehung zu mir selbst
Mut, JA zu mir zu sagen

Die Beziehung zu mir selbst entscheidet darüber, wie ich Beziehungen im Außen erlebe. Diese Erkenntnis habe ich in den letzten Jahren immer mehr verinnerlicht. Seit Jahren sehnte ich mich danach, einem anderen Menschen bedingungslose Liebe entgegenzubringen. Doch erst heute bin ich in der Lage, diese Liebe in erster Linie mir selbst zu schenken und somit auch anderen. Es war ein langer Weg bis hierhin. Du kannst mir glauben, ich wollte so einige Male aufgeben. Die Entscheidung, den Weg der Selbstliebe zu gehen, konnte ich dennoch nicht mehr rückgängig machen, denn die Tür in meine alte Welt war längst verschlossen und ließ sich durch nichts mehr öffnen. Im Sommer fand dann eine Begegnung statt, die für meinen weiteren Weg enorm wichtig war. Dazu später mehr.

Es gab Zeiten, in denen ich dachte, ich muss erst vollständig geheilt sein, um gesunde Beziehungen führen zu können. Das ist natürlich ein Irrglaube, denn da wir bis an unser Lebensende lernen, wären wir quasi zu keinem Zeitpunkt beziehungsfähig. Diese wichtige Erkenntnis zeigte mir noch einmal mehr auf, dass ich selbst und mein Weg das Ziel sind. Dazu muss nicht zwangsläufig eine Beziehung gehören. Wenn ich mich nur verändere, um im Gegenzug eine Beziehung zu manifestieren, lebe ich aus dem Mangel heraus und nicht aus der Fülle. Sobald ich mich mit mir und der Umwelt im Einklang befinde, bin ich in der Lage, bedingungslose Liebe auszusenden und diese auch zurückzuerhalten.

Die Aufgabe besteht für mich darin, in allen Bereichen ich selbst zu sein. Dort, wo ich nicht ich selbst sein kann, oder glaube, es nicht sein zu dürfen, ist keine Liebe und wo keine Liebe ist, will ich nicht mehr sein. Verstehst du?

Der mutigste Schritt in den letzten Jahren war, als ich meine Sicherheit im Angestelltendasein aufgab und meinem Herzen folgte. Ich spürte schon lange, dass ich in dem Unternehmen nicht mehr glücklich war. Es ging täglich darum, noch schneller zu werden, noch mehr Leistung bei gleicher Bezahlung zu erbringen, mehr, mehr, mehr. Doch das war schon lange nicht mehr mein Bestreben. Für mich zählten Werte wie Achtsamkeit, Würde, Authentizität und Freude, doch mit jedem Schritt über die Türschwelle des Unternehmens habe ich diese verraten. Meine Unzufriedenheit konnte jeder spüren, denn mein Lachen verlor ich dort gänzlich. Zusätzlich durch den Verrat meiner Werte wurde ich sehr krank und ich schob eine endgültige Entscheidung ewig lang vor mir her. Hingegen erfüllte mich das Studium zur Psychologischen Beraterin in meinem Sein und die Sehnsucht, in diesem Beruf auch arbeiten zu dürfen, wurde mit jedem Tag stärker. Ich spürte deutlich, dass mich das Leben von hinten anschob, um eine Entscheidung für mich zu treffen. Vielleicht kennst du diesen Moment auch aus deinem Leben. Du schaust morgens in den Badezimmerspiegel und siehst in Augen, die ohne Glanz und Freude sind. Während du deine Zähne putzt, überkommt dich eine tiefe Traurigkeit, weil du komplett vom Weg abgekommen bist.

Es war ein heißer Sommertag und ich fuhr auf der Landstraße in Richtung Arbeit. Im Radio lief ein Lied von Bon Jovi: „It's my Life". An diesem Morgen drehte ich voll auf. Es war der erste Arbeitstag nach einer mehrwöchigen Krankschreibung und schon beim Betreten der Filiale spürte ich, dass ich hier nicht mehr hingehörte. Ich fühlte mich wie in Watte gepackt. Als würde ich die Welt hier an diesem Platz nicht richtig wahrnehmen können. Es schien alles so dumpf, weich, abgeschwächt und gedämpft. Mit jedem weiteren Schritt spürte ich, dass es vorbei war. Die wirklich großen Ereignisse sind selten geplant, sie geschehen einfach. So auch mir an diesem Tag. Nach der Beendigung meiner Schicht ging ich zu meinem Chef, schaute ihm in die Augen und erklärte, dass ich hier nicht mehr arbeiten könne. Sichtlich irritiert, spielte er die Situation herunter und entgegnete, dass ich mich wieder beruhigen solle. Mit Nachdruck verkündete ich, dass für mich die Zeit gekommen sei, um den Sprung ins Unbekannte zu wagen. Während ich diese Zeilen schreibe, laufen mir die Tränen runter und Gänsehaut breitet sich auf meinem gesamten

Körper aus. In diesem Moment spürte ich, wie sich mein gesamter Brustkorb weitete. Ich konnte wieder durchatmen und die Liebe zu mir wahrnehmen. Am Nachmittag führte ich dann ein klärendes und aufrichtiges Gespräch mit meinem Vorgesetzten, worin ich ihm meine Beweggründe mitteilte. Er schätzte meine Ehrlichkeit und wir lösten dann im Anschluss unser Arbeitsverhältnis nach siebzehn Jahren auf. Eine tonnenschwere Last fiel mir von den Schultern und nach langer Zeit fühlte ich mich endlich wieder lebendig.

Das „Ja" zu mir brauchte ich, um mich wieder mit mir zu verbinden. Das „Ja" zu meinem Sein stellte wieder eine innere Harmonie her und mein Weg war frei, den Sprung in die unbekannte Welt der Selbstständigkeit zu wagen. Mein Studium musste ich erst einmal auf Eis legen, da meine Berufung einschlug wie ein Blitz.

Seitdem sind mehr als zwei Jahre vergangen und bis zum heutigen Tag habe ich meine Entscheidung nicht bereut. Es war das Beste, was ich je für mich getan habe: „Ja" zu mir zu sagen und meinem Herzen zu folgen.

Des Glückes Tod ist der Vergleich

Ich kenne meine Selbstzweifel sehr gut. Sie erscheinen aus dem Nichts und machen mir das Leben zur Hölle. In solchen Momenten kommt mein altes Programm zum Vorschein: Die alte Bullshit-Story, die mir meine Suppe ordentlich versalzen wird.

Ein todsicheres Rezept, um sich selbst unzufrieden und unglücklich zu machen, ist der Vergleich mit anderen Menschen. Es ist Wahnsinn, daran festzuhalten die beste und schönste Frau im gesamten Universum sein zu wollen. Es wird immer eine Frau geben, die etwas hat oder besitzt, wonach du dich sehnst. Sei es die kleinere oder größere Brust, die straffere Haut oder dickere Haare. Du kannst im Vergleich nur verlieren, denn es wird immer jemanden geben, der in irgendeiner Kategorie besser abschneidet. Auch ich bin in diese Falle meines Egos getappt. Gerade zu Beginn meiner Selbstständigkeit sah ich nur noch Coaches, die erfolgreicher waren als ich oder in meinen Augen attraktiver. Sofort wurde ich wieder an meine noch nicht angenommen Mängel erinnert. In diesen Momenten hatte ich folgende Wahlmöglichkeit:

Möchte ich mich weiterhin auf meine gefühlten Defizite konzentrieren, die nicht meinem erdachten Idealbild entsprechen und den direkten Weg ins Unglück bedeuten oder meinen Fokus wieder auf meine Einzigartigkeit richten?

Unsere Einzigartigkeit ist die Besonderheit, die wir vom Leben geschenkt bekommen haben. Es ist meine und auch deine Aufgabe, diese zu leben und andere darin zu unterstützen, ebenfalls zu ihrer Individualität und Einzigartigkeit zu stehen. Sobald ich mir erlaube, sein zu dürfen, wie ich bin, gestatte ich dies auch anderen Menschen. Wir leben an unserem wahren Sein vorbei, sobald wir versuchen, jemand anderes zu sein. Selbst wenn wir das Gefühl haben, dass andere etwas von uns erwarten, ist es wichtig, bei uns selbst zu bleiben und uns nicht zu verbiegen.

Bitte werde dir darüber bewusst:

- Niemand kann so sein wie du
- Keiner macht die Arbeit wie du, denn nur du machst sie auf deine Art und Weise
- Niemand trägt deine Geschichte auf seinen Schultern, denn es ist deine Geschichte

Die Versuchung, sich mit anderen Menschen zu vergleichen ist unfassbar groß. Wohin das Auge auch reicht, sehen wir dank der digitalen Welt wunderschöne Körper.

Dadurch, dass ich tagtäglich schon seit einer längeren Zeit auf Instagram und Facebook aktiv bin, gehen auch an mir die vielen schönen Menschen nicht vorbei. Sobald ich merke, dass ich mich wieder vergleiche, rufe ich mir meine Einzigartigkeit ins Gedächtnis: „Stopp, Martina!" Jedes Mal, wenn die Falle zuschnappt, rufe ich: „Stopp!" Ich sende ein klares Statement aus, dass ich nicht länger bereit bin, auf die angsteinflößende Stimme zu hören und komme wieder bei mir an. Etwas Einzigartiges lässt sich einfach nicht vergleichen und deshalb ist der Gedanke auch so sinnlos „Ich bin nicht so schön wie andere" oder „Ich bin nicht so gut wie andere." Ich bin ich und ich bin gut so, wie ich bin.

Nach meinen toxischen Beziehungen ging ich alles andere als wertschätzend mit mir um. Doch mein Wille, eine liebevolle Beziehung zu mir selbst aufzubauen, wurde mit jedem Tag stärker. Es brauchte seine Zeit, um meine Selbstwertschätzung auf ein solides Fundament zu bauen. Doch ich wurde besser darin und war weniger anfällig für die Fallen meines Egos. Von innen heraus wurde ich selbstsicherer, wertschätzender und vor allem auch unabhängiger von der Meinung im Außen. Ein völlig neues Lebensgefühl.

Je mehr ich mir über meine Stärken, Fähigkeiten und mein einzigartiges und individuelles Profil bewusst wurde, desto mehr war es mir schlichtweg unmöglich, mich auch nur eine Sekunde länger mit anderen zu vergleichen. Es ist ein wichtiger Aspekt auf dem Weg zu einer gesunden Selbst-Beziehung, sich wertschätzend zu begegnen, denn das ist ein wichtiger Baustein für ein gesundes Selbstwertgefühl.

Prüfungen vom Universum

Je mehr ich in der Lage war, mir das zu geben, was ich brauchte, umso leichter wurde mein Leben. Jeden Tag aufs Neue verließ ich meine Komfortzone und spürte, wie ich aus dem Inneren heraus stärker und mutiger wurde. Es war so erfüllend, die universelle Form der Liebe zu empfinden, die sich auf jeden Menschen übertrug, dem ich begegnete. Niemals mehr würde ich meine Selbstliebe und Liebesfähigkeit in einer Beziehung vernachlässigen wollen. Das stand fest. Durch meine liebende Einstellung zu mir und dem Leben konnte ich andere Menschen so annehmen, wie sie sind und ließ Verurteilungen los. Die Bereitschaft, mein Herz zu öffnen und Liebe zuzulassen ließ mich unabhängiger davon werden, ob sich ein Mann auf mich einlassen wollen würde oder nicht. Selbst an den Tagen, an denen ich mir nicht das geben konnte, was ich brauchte, suchte ich nicht nach einem Flicken, um das empfundene Loch zu stopfen. Sich von einem anderen Menschen unabhängig zu machen ist ein wichtiger Schritt in Richtung Selbstheilung, die Zeit braucht und sehr viel Geduld. Neben all den Höhen, die ich immer öfter erfuhr, gab es eben auch die Tage, an denen ich lieber im Bett geblieben wäre. Sind wir doch mal ehrlich: Das ist die Realität. Es gibt nicht nur Sonnentage und erinnere dich bitte: Ohne Regen und Wind verwandelt die Sonne die Erde in eine Wüste. Ich glaube wirklich, dass wir hin und wieder diese kleinen oder auch größeren Blitzeinschläge brauchen, um uns wieder auf den Boden der Tatsachen zurückzuholen. Es sind Gelegenheiten, die genauso zu unserem Leben gehören wie das Glück und die Freude.

Neben den Höhen erkannte ich erst in der Tiefe, wieviel Liebesfähigkeit in mir steckte. Meine Furcht vor den dunklen und emotionsgeladenen Tagen konnte ich mehr und mehr loslassen und stattdessen Wertschätzung aufbringen. Die härteste Prüfung sollte mir erst bevorstehen, doch das wusste ich zu diesem Zeitpunkt noch nicht. Die Beziehung zu Falk veränderte sich nicht wesentlich, nachdem er mir Monate zuvor erneut einen Korb gegeben hatte. Ich war zwar schon deutlich gelassener, doch irgendetwas hielt mich noch in seinem Bann. Sobald er sich meldete, war ich anders. Wieder einmal zu lieb, zu verständnisvoll und hin und wieder beschlich mich auch ein unangenehmes Gefühl in der Magengegend. Er lief um mich herum wie ein streunender Kater und unsere Verbindung schien einen Nachreifungsprozess für mich bereitzuhalten. So selbstsicher ich auch im Leben stand, so unsicher fühlte ich mich in seiner Anwesenheit. Durch jede Interaktion mit Falk konnte ich mich und meine verborgenen Schattenanteile besser kennenlernen.

Wir verbrachten immer wieder mal Zeit miteinander, in der wir ausgiebig über unsere damalige Beziehung sprachen. Es tat gut, all das, was zwischen uns stand, loszulassen. Kurz vor Weihnachten lud er mich dann auf ein Glas Wein ein, aus dem dann kurzerhand zwei Flaschen wurden. An dem Abend hatte ich das Gefühl, es gäbe nur uns und fast war es wie in alten Zeiten. Je weiter die Nacht voranschritt, umso weniger konnten wir uns zurückhalten und es passierte das, was im Laufe des Abends schon abzusehen gewesen war: Wir kamen uns nahe. Sehr nahe. Schon während des Liebesrausches spürte ich ein deutliches Nein in mir. Die Berührungen waren weit ab von dem, was ich mir wünschte und es erinnerte mich an die Zeiten, in denen mein Körper zur reinen Lustbefriedigung benutzt wurde. Was soll ich sagen? Ich konnte Falk nicht stoppen. Ich brachte das dringende Nein nicht hervor, sondern ließ den Sex, den ich eigentlich nicht mochte, zu. Auch im weiteren Verlauf hielt mich irgendwas in unserer Beziehung, die keine war.

Alte Muster zeigten sich erneut: Es war ein ständiges Kommen und Gehen. Mal bekam ich Aufmerksamkeit, mal die eiskalte Schulter. Die längst überwunden geglaubte Never-Ending-Story zeigte sich mal wieder. Den Höhepunkt dieses Farce erreichten wir einige Monate später. Falk und ich pflegten eine Beziehung zueinander, die keine reine Freundschaft war, aber auch nicht Freundschaft Plus. Irgendetwas dazwischen. Unsere Anziehungskraft wirkte auf hunderte Meter Entfernung und doch schafften wir den Weg zueinander nicht. Ich wünschte mir zwar von Herzen, endlich glücklich zu werden und eine zweite Chance mit Falk zu bekommen, doch das Leben hatte etwas anderes mit mir vor. Es standen noch so viele Wachstumsmöglichkeiten für mich bereit. Das sollte ich nun bald erfahren.

Mal wieder suchte Falk mich auf. Es war ein Moment, in dem er Halt und Geborgenheit brauchte. Beides fand er bei mir. Während ich ihn tröstete und in den Arm nahm, kamen wir uns näher. Wir schauten engumschlungen den Sonnenuntergang an und küssten uns, als hätten wir uns nie verloren. Es war so vertraut, eben wie in alten Zeiten. Dann kam für mich der Vorschlaghammer. Falk sprach davon, wie schön es mit mir sei und wie lieb er mich hätte. Dennoch fühle er sich von seiner Angst wie gelähmt. Er wäre nicht in der Lage, sich auf etwas Festes einzulassen. Ja, er sagte das ehrlich und freundlich und doch war es zu viel für mich. Fragte hier eigentlich irgendjemand nach mir und meinem Befinden? Ich hatte erneut das Gefühl, wertlos zu sein. Es war nun der dritte Korb, den er mir gab und zum ersten Mal kam eine geballte und gesunde Ladung Wut in mir hoch. Ich spürte zwar, dass ich reagieren müsste, konnte es aber zu diesem Zeitpunkt noch nicht. So schluckte ich die Wut erstmal runter und machte gute Miene zu bösem Spiel.

Ich hatte wirklich genug von dem ewigen Hin und Her und nahm mir fest vor, mich emotional zu lösen. Seit über zwei Jahren arbeitete ich nun täglich mit Erfolg an meinen Themen. Das erneute Zusammentreffen und die Erfahrungen mit Falk würden nun meine

Wachstumsbeschleuniger werden und meine Selbsterkenntnis um ein Mehrfaches vorantreiben. Was auch immer bei ihm das Thema war, ich war nicht länger bereit, diese Themen in ihm aufzulösen. Es war diese alte Verhaltensweise in mir, die ich nun erkannte. Es war das Muster, dass ich immer meinte, für die Probleme und das Wohlbefinden der anderen verantwortlich zu sein.

Ich war bereit für eine neue Erkenntnis, denn in diesem selbst verursachten Gefängnis wollte ich nicht länger bleiben. Über die letzten Jahre hatte ich mich immer mehr zu einem sehr bewussten Menschen entwickelt. Zu einem Menschen, der eine hochsensible Wahrnehmung hat, an Übersinnliches glaubt, Wunder bejaht und alle Facetten ins Leben integrieren möchte. Beseelt von dem tiefen Willen zur Veränderung, trat ich mit einer spirituellen Meisterin in Kontakt. Wir würden uns in den nächsten Wochen treffen. Zuvor wollte sie jedoch schon die energetischen Bänder zwischen Falk und mir lösen. Den exakten Zeitpunkt teilte sie mir nicht mit, doch ich spürte diesen ganz genau. Es war ein wunderschöner Spätsommernachmittag, den ich bei einer Tasse Kaffee in meinem Garten genoss. Urplötzlich veränderte sich mein Gefühlszustand und ich spürte, dass irgendetwas mit mir passierte. Mich durchlief eine Schwere, die ich kaum aushalten konnte. Eine tonnenschwere Last zog sich durch meinen Körper hindurch, die ihren Ausgang an meiner Kopfspitze finden sollte. Mir liefen unentwegt die Tränen hinunter, denn ich verstand nicht, was hier gerade passierte, doch ich ließ es weiter geschehen. Nach ein paar Minuten war alles vorbei und endlich konnte ich wieder tief durchatmen. Als ich meine Augen öffnete, strahlte die Sonne direkt in mein Gesicht und in mir war es so ruhig, wie schon lange nicht mehr. Kurze Zeit später wurde dieser unfassbar schöne Moment durch einen Anruf unterbrochen. Es war meine spirituelle Meisterin, die mir verkündete, dass sie soeben die Bänder zwischen mir und Falk durchtrennt hätte. Das also war der Grund für mein Erlebnis eben. Sofort überprüfte ich ihre Aussage auch nochmal in meinem emotionalen Körper. Ich konnte keine emotionale Verbindung mehr zu Falk aufbauen. Er musste das gespürt haben, denn am nächsten Tag kontaktierte er mich und fragte, ob noch alles in Ordnung zwischen uns sei. Er meinte, dass es sich anders anfühle als noch die Tage zuvor. Ich bejahte seine Aussage, bat ihn aber, mich erstmal nicht mehr zu kontaktieren, da ich gerade einen wichtigen Prozess durchlaufe. Er respektierte meinen Wunsch und ließ mich erstmal in Ruhe. Ich nutzte sowohl diese neu gewonnene Zeit als auch die Atempause und begab mich in meinen weiteren Transformationsprozess hinein.

Ein paar Tage später war es soweit und ich machte mich auf den Weg, um meine spirituelle Meisterin zu treffen. Obwohl das unsere erste Begegnung war, hatten wir das Gefühl, wir würden uns schon ewig kennen. Wir weinten beide und nahmen uns ganz fest in die Arme. So, als würden sich Mutter und Tochter wiedervereinen. Ich weiß, das hört sich für viele von euch erst einmal fremd an und doch ist es genau so geschehen. Ich habe inzwischen reichlich gelernt, dass wir nicht alles mit unserem Verstand erfassen können. Und auch diese Begegnung lag außerhalb meiner Verstandesebene, aber ihre Wahrhaftigkeit spüre ich in der Tiefe meines Herzens.

Meine Meisterin und ich begaben uns nun auf eine spirituelle Reise. Es war eine wunderschöne Schamanische Traumreise, die an zwei Tagen stattfand. Meine Heilerin half mir dabei, sehr viele Verstrickungen aufzulösen, die sich so sehr nach Erlösung gesehnt hatten. „Es ist vorbei“ war der schönste Satz, den ich in dieser Zeit aus ihrem Mund hörte. Tief beseelt trat ich meine Heimreise an und musste nun erst einmal all die Eindrücke verarbeiten und dem wunderschönen Geschenk dieser besonderen Begegnung nachspüren.

Ein paar weitere Tage vergingen und bald würde ich mich endgültig meiner Verlustangst stellen. Ich wusste, dass es zwischen Falk und mir endgültig vorbei war. Diese Botschaft wollte ich ihm nun auch persönlich mitteilen. Wir führten ein sehr wertschätzendes und respektvolles Telefonat miteinander, worin ich ihm meine neue Ansicht mitteilte. Ich sagte, dass ich mir eine Partnerschaft wünschen würde, jedoch nicht mehr mit ihm. „Du bist kein schlechter Mensch, aber zwischen uns stehen Barrieren, die sich durch unterschiedliche Lebenserfahrungen ergeben haben. Das, was mal irgendwann passte, hat sich inzwischen als Sackgasse entpuppt.“, erklärte ich ihm offenherzig. Falk reagierte großartig. Er und ich hatten uns damals geschworen, immer ehrlich miteinander umzugehen. Das hatte ich getan und er wertschätze das. Er bewunderte meinen Mut, so klar zu kommunizieren und wünschte mir alles Gute.

Wir Menschen bewegen uns meistens erst durch Schmerz. Wenn uns jemand gegen das Schienbein tritt, fangen wir an, uns zu bewegen. Falk hatte mich durch sein Verhalten und meine Reaktionen auf die bestehenden Knoten und Blockaden in mir aufmerksam gemacht. Ich danke ihm sehr dafür. Dadurch war es mir möglich, noch einmal mehr zu lernen, für mich und meine Bedürfnisse einzustehen. Falk loszulassen bedeutet für mich, ihn nicht zu verdammen, sondern ihn in seiner Andersartigkeit anzunehmen und dennoch lieben zu dürfen. Ich bin mir ziemlich sicher, dass alles aus einem guten Grund passiert und wenn wir den Mut haben, einen Blick hinter unsere Mauern zu wagen, können wahre Wunder geschehen. Der Schlüssel zum Glück ist die Gestaltung des eigenen Lebens in Unabhängigkeit zu einem anderen Menschen. Auch, wenn Falk und ich nicht dort ankamen, wo wir ursprünglich hinwollten, so erleben wir uns auch heute noch als Bereicherung. Hin und wieder telefonieren wir oder tauschen uns aus. Wir haben eine neue Ebene gefunden, auf der wir uns begegnen können.

Rückblickend kann ich feststellen, dass ich unfassbar viel aus meinen gescheiterten Beziehungen lernen durfte. Ganz egal, wie sich eine Person mir gegenüber verhält, niemals mehr würde ich meine neu gewonnenen Werte verraten oder verkaufen. Diese sind Authentizität, Loyalität, Lösungsorientiertheit, Wachstum, Eigenverantwortung, Freude, Freiheit und Respekt.

Die Beziehung, die ich nun zu mir über all die Jahre aufgebaut hatte, stand auf einem stabilen Fundament. Meine Liebe erlebe ich nicht nur in Kontakt zu Menschen, sondern erkenne sie in jedem Tier, in der Natur und in Momenten, in denen ich in absoluter Stille versinke.

Gerade in diesem Augenblick, während ich das hier schreibe, überkommt mich eine tiefe Dankbarkeit, dass ich das fühle. Danke, danke, danke.

Meine Gedanken

Schlusswort

Vielleicht fühlst du für dich nun auch, dass es keine gute Idee ist, weiterhin an der alten Bullshit-Story festzuhalten. Diese Geschichte deines Lebens, deine Vergangenheit hat dich geprägt, verletzt, geschwächt, beschädigt, gebeutelt, malträtiert und zu dem gemacht, was du heute bist. Das anzuerkennen, zu würdigen und wertzuschätzen ist der erste Schritt des Erkenntnisweges. Ab diesem Zeitpunkt sind nun deine Eigeninitiative, deine Tatkraft und deine Verantwortungsbereitschaft gefragt.

Solltest du immer noch nach der Wunderpille im Außen suchen, erinnere ich dich noch einmal liebevoll daran, dass du schon alles in dir hast. Du selbst bist diese Wunderpille! Du selbst bist der Weg und das Ziel, nicht die Beziehung zu einem anderen Menschen.

Du bist die Lösung all deiner Probleme und kannst ihnen auf den Grund gehen wie niemand anderes. Du bist das Leben und die Liebe. Jeder von uns hat in diesem Erkenntnisprozess seinen eigenen Weg, seine Methoden, Herangehensweisen, Helfer, Therapeuten und Heiler.

Du bist so einzigartig wie dein Weg, den du gehst. Folge deinem Herzen! Höre auf dein wahres Ich! So bekommst du den direkten Draht zu deiner inneren Quelle. Das ist bei allen Menschen gleich. Warte nicht darauf, dass sich etwas verändert, sondern sei du selbst die Veränderung, die du dir von anderen wünschst. Ich habe selbst erfahren, dass es keine gute Idee ist, auf irgendetwas zu warten. Viel zu lange kämpfte ich um Männer, die es nur in meinen Vorstellungen gab. Der Schmerz aus meinen Beziehungen mit Mark, Carlos, Karl, Alex und ein paar weiteren kleinen Episoden zeigte mir jedes Mal auf, in welchen Bereichen ich in Disharmonie und Unfrieden mit mir war.

Es hätte wunderschön werden können, doch die Voraussetzung dafür fehlte, sowohl auf meiner Seite, denn damals war ich noch nicht so weit als auch auf Seiten meiner Partner. Keiner von ihnen war wirklich offen dafür, gemeinsam an der Beziehung zu arbeiten. Ich selbst habe mich inzwischen bewegt. Weit weg von der aufgesetzten unechten Martina, die ich damals war und hin zu meinem wahren Wesenskern, zu meinem ganz ursprünglichen Wesen und Sein. Jeder Mensch kann für sich selbst entscheiden und so haben es auch meine Ex-Partner getan, ich jedoch warte nicht mehr auf sie. Warten bedeutet, dass ich Mangel spüre und in dem Augenblick verschließe ich mich. Ich habe mich dazu entschieden, mich selbst nicht länger zu verletzen, indem ich mit verschlossenem Herzen durch die Welt laufe. Außerdem warte ich nicht länger darauf, dass irgendein Märchenprinz mein Herz erobert, sondern freue mich über jede Begegnung. Durch sie kann ich entweder etwas Wichtiges lernen oder einfach nur mich und die andere Person fühlen. Vielleicht denkst du gerade, dass du dein Herz immer wieder geöffnet hast und doch immer wieder verletzt wurdest. Du hast nicht das bekommen, was du erwartet hast und bliebst enttäuscht und verletzt zurück. Egal, wie sehr du dich auch angestrengt hast, belohnt wurdest du dafür nicht. Ich kann verstehen, dass du in der Vergangenheit oder auch jetzt mit dem Universum haderst und das Gefühl hast, die Liebe sei dir nicht vergönnt. Als ich nach der Liebe im Außen suchte, fand ich über Umwege zu mir selbst und das war das größte Geschenk. Für mich ist es nicht mehr wichtig, was ich von anderen bekomme, sondern wie ich mich fühle und was mit mir in der Begegnung mit anderen Menschen geschieht. Außerdem suche ich nicht mehr nach einer Quelle im Außen, um Löcher zu stopfen, sondern nach dem Erlebnis, sich füreinander zu interessieren. Was bewegt meinen potenziellen Partner? Welche Ideen, Träume und Visionen möchte er sich ermöglichen? Wir denken zu viel nach und fühlen zu wenig und zusätzlich wäre es um einiges leichter, würden wir nicht ständig vergleichen, sondern lediglich beobachten. Freiheit beginnt für mich dort, wo ich mir erlaube, einfach nur zu sein und nicht zu wissen, was morgen ist.

Heute weiß ich, dass eine Trennung nicht mein Untergang bedeutet. Es ist nicht mehr lebensbedrohlich für mich. Ein Ende bietet uns oftmals die Chance auf einen wunderbaren Neuanfang, bei dem wir nicht mit Null beginnen müssen, sondern mit der bisherigen Erfahrung.

Seit mehr als zwei Jahren trage ich am linken Arm ein goldenes Armband mit einem Herzanhänger. Es erinnert mich daran, stets meinem Herzen zu folgen und die Beziehung zu mir selbst nie aus den Augen zu verlieren. Ich habe verstanden, dass die Beziehung zu mir darüber entscheidet, wie sich Beziehungen zu anderen Personen entwickeln.

Noch ein wichtiger Tipp von mir: Selbst, wenn im Trubel des Alltags mal hier und dort wichtige Erkenntnisse verloren gehen, mache dich bitte nicht verrückt. Manchmal schläft der erwachte Anteil in uns und wir verfallen wieder dem alten Trott. Verurteile dich nicht in diesen Augenblicken, sondern akzeptiere, dass du ein Mensch bist und keine Maschine.

Dein wacher Beobachter wird immer wieder zu dir zurückkehren und bleibt länger, bis er schließlich ständig anwesend ist. Die innere ehrliche Absicht, ein bewusster Mensch zu werden, wird dir zu gegebener Zeit die passenden Türen öffnen. Durch die schmerzhaften Erfahrungen, die ich im Laufe meines Lebens gemacht habe, bin ich Gott sehr nahegekommen. Seither lebe ich mit jeder Faser meines Seins im Vertrauen in das Leben und mich selbst. Wir Menschen machen uns das größte Geschenk damit, einfach alles sein zu dürfen. Die Furcht, die Angst, die Trauer und die Wut, doch ebenso das Licht, die Freude und die Liebe. Wir sind nicht nur das eine, wir sind auch das andere. Sich in Beziehungen verletzlich zu zeigen, baut Brücken von dem einen Herzen hin zum anderen – und ist es nicht das, wonach wir uns sehnen?

Ich hoffe, dass ich dich inspirieren konnte, noch mehr nach innen zu gehen, um deine Reise zu dir selbst anzutreten oder fortzuführen. Mein Wunsch für dich ist, dass du den Zugang zur Liebe in dir selbst findest. Ich wünsche mir für dich, dass du dich als Architektin deines Lebens begreifst und dein unendliches Schöpferpotenzial in die Welt hinausträgst. Gehe du als Leuchtturm voran und inspiriere andere Menschen mit deinem Licht, die Welt zu einem Ort voller Liebe und gegenseitiger Wertschätzung zu machen. Es sind deine Energie und deine Gedanken, die deine Welt um dich herum erschaffen und auch, wenn wir nicht alles kontrollieren können, beeinflusst die Art und Weise, wie wir auf diese Welt sehen unser Leben. Wir können Verantwortung für uns selbst übernehmen und unsere Sicht auf die Dinge und unser Umfeld. Unser Leben nach unseren Vorstellungen zu gestalten, liegt einzig und alleine in unseren Händen. Folge ich meinem Herzen, folge ich meiner inneren Wahrheit.

Es war mir wichtig, meine Erfahrungen mit dir zu teilen und die Erkenntnisse, die ich daraus gewonnen habe. Es braucht kein Psychologiestudium, um die Zusammenhänge erfassen zu können. All meine Erkenntnisse und Selbstreflexionen habe ich außerhalb meines Studiums zur psychologischen Beraterin gemacht. Dieses liegt nach wie vor auf Eis und sobald ich den Impuls verspüre, es beenden zu wollen, werde ich das tun. Seit 2019 lebe ich erfolgreich meine Berufung als Coach und lehre allen Suchenden mein Wissen, dass zur Selbstverwirklichung, Selbstliebe und Selbstentfaltung führt.

Wenn wir aufhören, im außen nach der Liebe zu suchen, können wir im inneren das finden, wonach wir uns sehnen: UNS SELBST! Wir können zu unserem authentischen Kern zurückkehren und das finden, was wir zuvor verloren haben und dennoch immer waren. PURE LIEBE.

Danksagung

Ich möchte dieses Buch mit einem besonderen und aufrichtigen Dank beenden.

Zuerst danke ich all meinen Ex-Partnern von Herzen, denn ohne euch wäre ich nicht zu der Frau geworden, die ich heute bin. Eure Geschichten, euer eigenes ungelöstes Trauma haben mich inspiriert, mich mit meinen Verletzungen auseinanderzusetzen. Ich habe dadurch gelernt, Verantwortung zu übernehmen und nicht länger vor meinen Ängsten davonzulaufen. Mein Dank geht an euch, weil ihr mich daran erinnert habt, dass Liebe weitaus mehr ist als Drama und Manipulation.

Danke an meine Eltern, die mir mein Leben geschenkt haben, das ich so sehr liebe. Ihr hattet es selbst nicht leicht als kleines Mädchen und als kleiner Bub. Meine Überzeugung ist, dass ich es mir ausgesucht habe, in diese Familie hineingeboren zu werden, um euch kennenzulernen und dadurch letztendlich auch mich. Danke.

Ich danke meinen Kindern, dass ihr in mein Leben gekommen seid. Auch wenn ich nicht immer die Mama für euch war, die ihr euch gewünscht habt, möchte ich euch sagen, dass ich euch von Herzen liebe. Danke für eure Liebe.

Darüber hinaus bedanke ich mich bei meinen Freunden. Michaela, du hast dir während meines Schreibprozesses meine Sprachnachrichten als Podcast Episode mehr als geduldig angehört. Mit deinem Humor hast du mich in Momenten, in denen ich nicht an mich geglaubt habe, in eine andere Welt gebeamt. Du bist eine herzensgute Seele. So schön, dass du in meinem Leben bist. Danke.

Sabine und Silke, ich danke euch, dass ihr stets aufbauende Worte für mich hattet und ihr an meiner Seite seid. Eure Liebe ist immer da. Danke.

Liebe Sylvia, du bist für mich der lebende Beweis, dass sich Verstand und moderne Spiritualität sehr wohl miteinander kombinieren lassen. Du bist eine absolute Bereicherung und Inspiration in meinem Leben, danke.

Liebe Brigitte, du warst da in Momenten, wo ich nicht mehr an mich glaubte, danke.

Danke an meinen Mentor Markus Coenen. Ohne deine Unterstützung wäre dieses Buch womöglich nicht entstanden. Du hast von Anfang an an mich und meine Vision geglaubt. Deine Worte waren mehr als eindeutig, dass die Welt darauf wartet, durch meine Geschichte inspiriert zu werden. Danke.

Liebe Jessica Böhm, auch dir lieben Dank für deine Begleitung.

Ein großes Dankeschön an Susann Müller. Du hast mit Liebe zum Detail dieses Buch erstrahlen lassen. Unsere Zusammenarbeit war für mich eine absolute Bereicherung und hat mich tief in meinem Herzen berührt. Danke für dein Lektorat.

Ich danke dir, liebe Leserin, für deine Zeit, Energie und für deine Liebe, die du beim Durchlesen des Buches aufgebracht hast. Vielleicht sind wir uns schon mal irgendwo begegnet, auf Instagram oder Youtube, während der Masterclass oder im realen Leben. Das wäre schön.

Es ist niemals zu spät, von vorne anzufangen und tiefe Dankbarkeit durchflutet in diesem Moment meinen Körper. Danke.

Ich empfinde es als großen Segen, bewusste Menschen um mich zu haben, bei denen ich so sein kann, wie ich bin. Ihr habt mir alle durch eure Liebe gezeigt, dass es sich lohnt, der eigenen Berufung zu folgen. Meine Wertschätzung lässt sich nicht in Worte ausdrücken.

Du, liebe Leserin, hältst dieses Buch in der Hand, weil du vielleicht irgendwo in dir spürst, dass du nun bereit bist, deine Schutzmauern niederzureißen. Du bist schon längst auf dem Weg, zurück in die Heimat deines Seins zu reisen. Heilung für dich zu finden ist ein mutiger Schritt, den deine Seele wählt. Ich danke dir für deinen Mut und dafür, dass wir Zeit miteinander verbracht haben. Es ist so schön, dass es dich gibt.

Von Herz zu Herz, deine Martina

Über Martina

Martina Bamesberger ist Herzensmensch und Vollblut-Coach. Mit ihrer tiefen Liebe zu sich und allem, was ist, lebt sie ein bewusstes und authentisches Leben. Sie sieht es als ihre Berufung, mit an einer neuen Welt zu arbeiten, in der Menschen wieder Vertrauen in sich und ihre Liebesbeziehungen entwickeln, woraus echte Verbundenheit, gemeinsames Wachstum und Dankbarkeit fürs Leben entstehen darf.

Martina lebte selbst viele Jahre in toxischen Beziehungen. Erst als der Leidensdruck untragbar wurde, schaffte sie es, sich immer mehr zu befreien. Dabei trat sie in einen intensiven Prozess der Persönlichkeitsentwicklung ein. Mit bestimmten Werkzeugen und Strategien gelang es ihr, sich von alten Verletzungen, Prägungen und Glaubenssätzen zu befreien. Zum Ankerpunkt entwickelte sich für sie in dieser Zeit eine intensive Beziehung zu Natur und Schöpfung.

Seit einigen Jahren arbeitet Martina inzwischen als Coach und begleitet insbesondere Menschen, die in ähnlichen Lebenssituationen feststecken, in die lebensbejahende Freiheit. Durch ihre persönlichen Erfahrungen war es ihr möglich, ein Programm mit tiefgreifendem Veränderungs- und Entwicklungspotenzial zu kreieren.

www.masterclass-of-mind.de